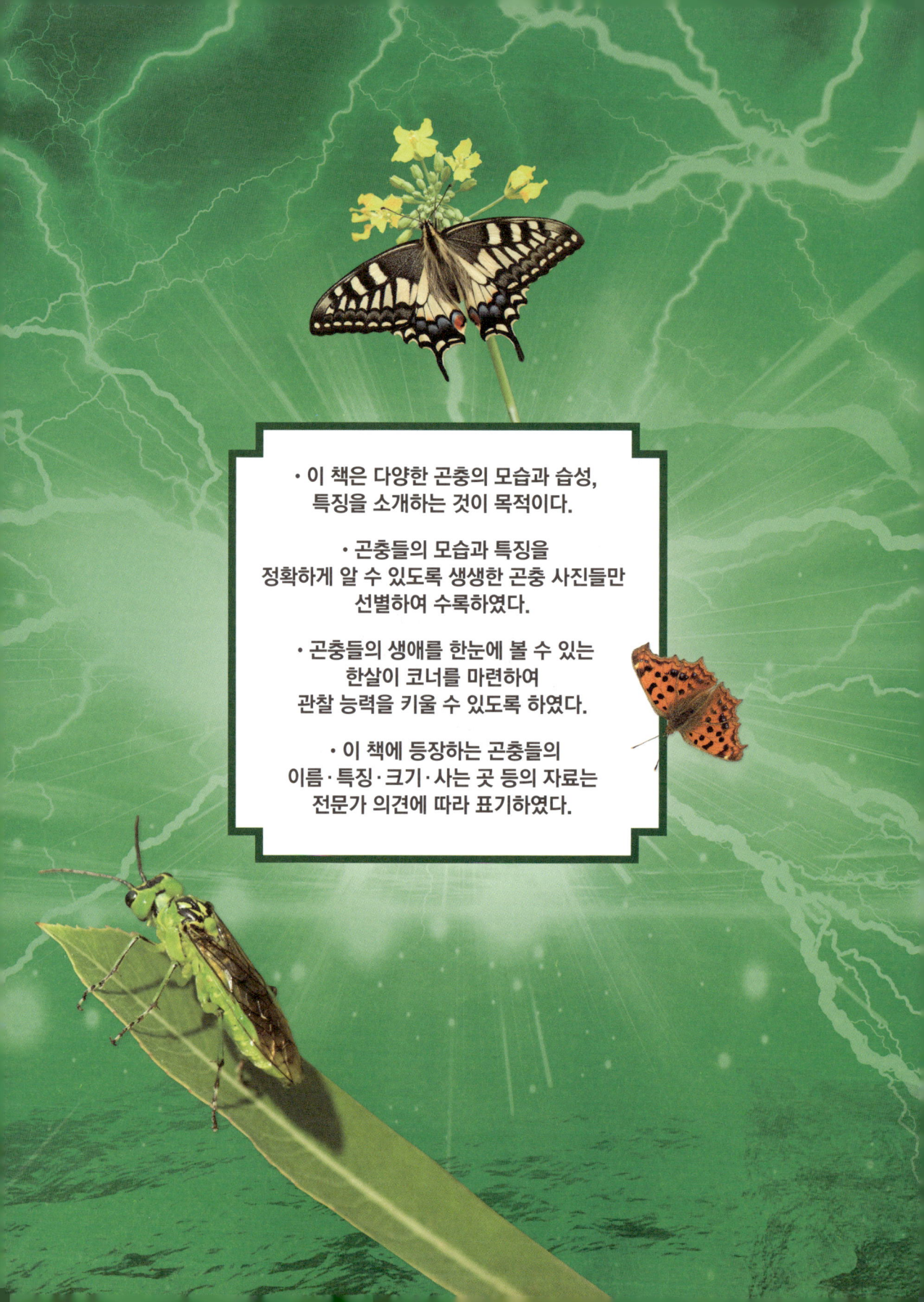

- 이 책은 다양한 곤충의 모습과 습성, 특징을 소개하는 것이 목적이다.

- 곤충들의 모습과 특징을 정확하게 알 수 있도록 생생한 곤충 사진들만 선별하여 수록하였다.

- 곤충들의 생애를 한눈에 볼 수 있는 한살이 코너를 마련하여 관찰 능력을 키울 수 있도록 하였다.

- 이 책에 등장하는 곤충들의 이름·특징·크기·사는 곳 등의 자료는 전문가 의견에 따라 표기하였다.

2025년 1월 20일 개정판 7쇄 펴냄

글/사진 · 이수영
감수 · 남상호

펴낸이 · 이성호
펴낸곳 · (주)글송이

편집 · 한수정, 이여주
마케팅 · 이성갑, 윤정명, 이현정, 문현곤, 이동준
경영지원 · 최진수, 이인석, 진승현

출판 등록 · 2012년 8월 8일 제 2012-000169호
주소 · 서울시 서초구 능안말 1길 1(내곡동)
전화 · 578-1560~1 **팩스** · 578-1562
이메일 · gsibook01@naver.com

ⓒ이수영, 2019
ISBN 979-11-7018-436-2 74490
     979-11-7018-435-5 (세트)

*이 도서의 국립중앙도서관 출판예정도서목록(CIP)은 서지정보유통지원시스템 홈페이지 (http://seoji.nl.go.kr)와
 국가자료종합목록시스템 (http://www.nl.go.kr/kolisnet)에서 이용하실 수 있습니다.(CIP 제어번호 : CIP2019002960)
*잘못 만들어진 책은 바꾸어 드립니다.

곤충 차례

이 책의 본문 구성 · 6

제1장 곤충의 특징

곤충의 몸의 구조 ············ 8
완전 탈바꿈 ············ 10
불완전 탈바꿈 ············ 12
곤충의 겨울나기 ············ 14

제2장 우리나라의 곤충

나비목

애호랑나비 ············ 18
산호랑나비 ············ 19
호랑나비 ············ 20
호랑나비의 한살이 ············ 21
제비나비 ············ 22
모시나비 ············ 23
노랑나비 ············ 24
남방노랑나비 ············ 25
배추흰나비 ············ 26
배추흰나비의 한살이 ············ 27
큰줄흰나비 ············ 28
줄점팔랑나비 ············ 29
왕자팔랑나비 ············ 30
부전나비 ············ 31
큰주홍부전나비 ············ 32
남방부전나비 ············ 33
담흑부전나비 ············ 34
담흑부전나비의 한살이 ············ 35
범부전나비 ············ 36
네발나비 ············ 37
공작나비 ············ 38
작은멋쟁이나비 ············ 39
암끝검은표범나비 ············ 40
부처나비 ············ 41
뿔나비 ············ 42
작은검은꼬리박각시 ············ 43
네눈은빛애기자나방 ············ 44
태극나방 ············ 45
애기나방 ············ 46
옥색긴꼬리산누에나방 ············ 47
으름밤나방 ············ 48
깜둥이창나방 ············ 49

딱정벌레목

길앞잡이 ············ 50
아이누길앞잡이 ············ 51
멋쟁이딱정벌레 ············ 52
물방개 ············ 53
물맴이 ············ 54
물땡땡이 ············ 55
넓적사슴벌레 ············ 56
넓적사슴벌레의 한살이 ············ 57
다우리아사슴벌레 ············ 58
톱사슴벌레 ············ 59
두점박이사슴벌레 ············ 60
큰넓적송장벌레 ············ 61
뿔쇠똥구리 ············ 62
뿔쇠똥구리의 한살이 ············ 63
보라금풍뎅이 ············ 64
풍뎅이 ············ 65
장수풍뎅이 ············ 66
장수풍뎅이의 한살이 ············ 67
사슴풍뎅이 ············ 68
등얼룩풍뎅이 ············ 70
점박이꽃무지 ············ 71
풀색꽃무지 ············ 72
호랑꽃무지 ············ 73
비단벌레 ············ 74
대유동방아벌레 ············ 75
홍반디 ············ 76
남생이무당벌레 ············ 77
칠성무당벌레 ············ 78
큰이십팔점박이무당벌레 ············ 79
무당벌레 ············ 80
무당벌레의 한살이 ············ 81
꽃벼룩 ············ 82
먹가뢰 ············ 83
늦반딧불이 ············ 84
애반딧불이 ············ 86
애반딧불이의 한살이 ············ 87
청가뢰 ············ 88
긴알락꽃하늘소 ············ 89
남색초원하늘소 ············ 90
붉은산꽃하늘소 ············ 91
모자주홍하늘소 ············ 92
하늘소 ············ 93
삼하늘소 ············ 94
알락하늘소 ············ 95
참나무하늘소 ············ 96
벚나무사향하늘소 ············ 97
흰염소하늘소 ············ 98
벌호랑하늘소 ············ 99
사시나무잎벌레 ············ 100
청줄보라잎벌레 ············ 101
상아잎벌레 ············ 102
큰남생이잎벌레 ············ 103
도토리거위벌레 ············ 104
왕거위벌레 ············ 106
단풍뿔거위벌레 ············ 107
밤바구미 ············ 108
배자바구미 ············ 109
혹바구미 ············ 110

잠자리목

검은물잠자리 ············ 111
아시아실잠자리 ············ 112
노란실잠자리 ············ 113

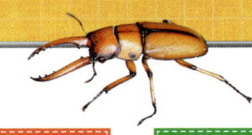

연분홍실잠자리·········· 114
묵은실잠자리·········· 115
긴무늬왕잠자리·········· 116
어리장수잠자리·········· 117
왕잠자리·········· 118
왕잠자리의 한살이·········· 119
밀잠자리·········· 120
고추잠자리·········· 121
된장잠자리·········· 122
나비잠자리·········· 123
꼬마잠자리·········· 124
대모잠자리·········· 125
고추좀잠자리·········· 126

사마귀목
좀사마귀·········· 127
왕사마귀·········· 128
왕사마귀의 한살이·········· 129

메뚜기목
여치·········· 130
검은다리실베짱이·········· 131
날베짱이·········· 132
쌕쌔기·········· 133
긴꼬리·········· 134
왕귀뚜라미·········· 135
땅강아지·········· 136
섬서구메뚜기·········· 137
벼메뚜기·········· 138
벼메뚜기의 한살이·········· 139
팔공산밑들이메뚜기·········· 140
방아깨비·········· 141
풀무치·········· 142
콩중이·········· 143
삽사리·········· 144
두꺼비메뚜기·········· 145

벌목
말총벌·········· 146
장수말벌·········· 147
어리별쌍살벌·········· 148
나나니·········· 149
점호리병벌·········· 150
점호리병벌의 한살이·········· 151
장미가위벌·········· 152
양봉꿀벌·········· 153
일본왕개미·········· 154
일본왕개미의 한살이·········· 155
어리호박벌·········· 156

매미목
말매미·········· 157
유지매미·········· 158
고려풀매미·········· 159
털매미·········· 160
끝검은말매미충·········· 161
참매미·········· 162
참매미의 한살이·········· 163
상투벌레·········· 164

노린재목
물장군·········· 165
물자라·········· 166
장구애비·········· 167
게아재비·········· 168
송장헤엄치개·········· 169
큰광대노린재·········· 170
등빨간소금쟁이·········· 172
알락수염노린재·········· 173
에사키뿔노린재·········· 174
고추침노린재·········· 175

파리목
빨간집모기·········· 176
빨간집모기의 한살이·········· 177
어리아이노각다귀·········· 178
파리매·········· 179
꽃등에·········· 180

밑들이목
참밑들이·········· 181

풀잠자리목
칠성풀잠자리붙이·········· 182
노랑뿔잠자리·········· 183

집게벌레목
고마로브집게벌레·········· 184

대벌레목
대벌레·········· 185

하루살이목
무늬하루살이·········· 186

곤충 용어 사전 · 187
곤충 색인 · 188

5

이 책의 본문 구성

❶ **목 분류:** 곤충이 어떤 목 분류에 포함되는지 나타낸다.

❷ **이름:** 곤충의 이름을 소개한다.

❸ **학명:** 곤충의 학명을 소개한다.

❹ **체크 포인트:** 곤충의 특징 중 가장 눈에 띄는 부분을 설명한다.

❺ **곤충 사진:** 생생한 곤충 사진을 소개한다.

❻ **곤충 상식:** 어떤 곤충인지 가장 중요한 상식만을 모아 설명한다.

❼ **기본 정보:** 곤충의 기본 정보를 분류, 크기, 활동기, 탈바꿈, 사는 곳 5가지로 구분하여 소개한다.

- **분류:** 곤충이 어떤 과 분류에 포함되는지 나타낸다.
- **크기:** 곤충의 크기를 나타낸다. 단, 나비와 나방은 날개 편 길이를 나타낸다.
- **활동기:** 곤충이 1년 중 언제 나타나는지 나타낸다.
- **탈바꿈:** 완전 탈바꿈인지, 불완전 탈바꿈인지 나타낸다.
- **사는 곳:** 곤충이 자주 나타나는 장소를 나타낸다.

제1장 곤충의 특징

곤충은 지구상에서 가장 번성한 동물로, 지금까지 알려진 종류만 해도 약 100만 종이다. 아직까지 발견되지 않은 종류까지 합치면 무려 300만 종이 넘을 거라고 한다. 곤충은 그 종류만큼이나 몸의 생김새와 생활 방식도 다양하다. 지구 동물의 약 80%를 차지한다는 곤충, 지금부터 놀라운 곤충 세계로 들어가 보자.

곤충의 몸의 구조

곤충은 거미, 지네, 가재, 전갈 등과 같은 절지동물이다. 절지동물은 몸이 여러 개의 마디로 이루어져 있는데 그중 지네는 몸이 머리, 배 부분으로 나뉘어 있고 거미, 새우, 가재는 머리와 가슴이 합쳐진 머리가슴과 배로 나뉘어 있다. 이에 비해 곤충은 몸이 머리, 가슴, 배로 나뉘어 있다. 또한 곤충의 머리 부분에는 더듬이, 겹눈 등의 감각 기관이 모여 있고, 가슴 부분에 2쌍의 날개와 3쌍의 다리가 달려 있다. 즉 머리 부분에는 감각 기관이, 가슴 부분에는 운동 기관이 독립적으로 발달했다. 이처럼 곤충은 절지동물 중에서 가장 진화한 몸의 구조를 가졌다.

▶호랑나비의 머리 부분에는 더듬이, 겹눈 등의 감각 기관이 모여 있다.

날기 직전의 알락하늘소. 가슴 부분에는 날 수 있는 2쌍의 날개가 달려 있다.

장수풍뎅이의 비행. 가슴 부분에는 운동 기관이 독립적으로 발달했다.

애기좀잠자리. 곤충의 몸은 머리, 가슴, 배로 나뉘어 있다.

귀뚜라미 귀

왕귀뚜라미. 앞다리의 청각기관으로 소리를 듣는다.

황주까막노래기. 지네처럼 몸이 머리와 배 부분으로 나뉘어 있는 절지동물이다.

완전 탈바꿈

곤충은 성장 단계에 따라 모습을 바꾸는데, 이것을 '탈바꿈'이라고 한다. 가장 진화한 곤충은 '완전 탈바꿈'이라는 복잡한 한살이를 거친다. 알이 깨면 애벌레가 나오고, 애벌레는 자라면서 여러 번의 허물벗기를 하여 번데기가 된다. 시간이 지나면서 번데기 속에서 날개를 가진 어른벌레가 생기는데, 어른벌레는 날개돋이의 과정을 거쳐 탄생한다.
이처럼 알→애벌레→번데기→어른벌레의 과정을 거쳐 성장하는 것을 '완전 탈바꿈' 또는 '갖춘탈바꿈'이라고 한다.
벌, 개미, 파리, 딱정벌레, 나비, 나방 등이 '완전 탈바꿈'을 한다.

① 장수풍뎅이의 알

장수풍뎅이의 애벌레

날개돋이 직전의 번데기

등이 갈라지며 머리, 가슴, 배 부분이 나오고 있다.

허물을 벗으며 다리 밑으로 모으고 있다.

허물을 모두 벗고 속 날개를 말린다.

딱지날개가 갈색으로 변하기 시작한다.

전체적으로 몸 색이 진해진 장수풍뎅이

불완전 탈바꿈

진화된 곤충은 완전 탈바꿈을 하지만, 원시적인 곤충은 알→애벌레→어른벌레의 과정인 '불완전 탈바꿈'을 한다. 번데기 과정을 거치지 않기 때문에 불완전하다는 것이다. 불완전 탈바꿈을 하는 곤충으로는 잠자리, 사마귀, 메뚜기, 매미, 노린재 등이 있다. 이들 곤충은 아주 어린 애벌레에는 날개 흔적이 전혀 없으나 다 자란 애벌레의 가슴에는 날개 싹이 있는데, 그 안에서 날개가 자란다. 허물벗기를 할 때마다 이 날개는 길어지고, 마지막으로 애벌레가 날개돋이를 하면 날개가 달린 어른벌레가 탄생하는 것이다. 불완전 탈바꿈을 '안갖춘탈바꿈'이라고도 한다.

① 왕사마귀 알집에서 태어나는 200~250마리의 왕사마귀 애벌레

갓 태어난 왕사마귀 1령 애벌레

날개돋이를 하기 위해 거꾸로 매달린 애벌레

애벌레의 등이 갈라지며 머리, 가슴 부분이 나온다.

더듬이와 다리, 배 부분을 빼낸다.

허물에서 몸을 완전히 빼낸다.

몸의 방향을 반대로 바꾸고 접힌 날개를 펴기 시작한다.

날개를 완전히 편 왕사마귀

곤충의 겨울나기

추운 겨울이 다가오자 산과 들에서 보이던 곤충들이 자취를 감추었다. 곤충들이 겨울나기를 하기 위해 각자 알맞은 장소로 숨은 것이다. 겨울잠을 자는 장소나 모습은 곤충의 종류에 따라 다르다. 왕사마귀의 알은 따뜻한 알집에 싸여 겨울을 나고 메뚜기, 여치의 알은 추위를 피해 땅속에서 겨울을 난다. 그리고 왕오색나비는 애벌레 상태로 낙엽 속에서 겨울을 나고, 긴꼬리제비나비는 번데기 상태로 겨울을 난다. 어른벌레 상태로 겨울잠을 자는 곤충들은 겨우내 먹지도 않고 움직이지도 않아서 기절한 것처럼 보이지만, 겨울잠을 자기 전 몸 안에 모아 둔 양분을 쓰면서 자고 있기 때문에 건강하다.

◀ 번데기로 겨울을 나는
긴꼬리제비나비

참나무 속에서 겨울을 나는 넓적사슴벌레의 애벌레

따뜻한 알집에 싸여 겨울을 나는 왕사마귀의 알

겨울을 나기 위해 낙엽 속으로 모여드는 무당벌레

낙엽 속에서 겨울을 나는 왕오색나비의 애벌레

낙엽 속에서 겨울을 나는 에사키뿔노린재

제2장 우리나라의 곤충

우리나라에 사는 곤충은 약 1만 4천 종이라고 한다.
그중 딱정벌레목이 40%, 나비목이 25%로 가장 많고
그다음은 벌목, 노린재목 순이다.
우리나라의 곤충 중 우리가 꼭 알아야 할
대표적인 곤충들을
생생한 사진들과 함께 알아보자.

나비목

애호랑나비

학명: Luehdorfia puziloi

뒷날개의 빨간색 점무늬
진한 노란색 바탕에 검은색 줄무늬가 특징이며, 뒷날개에 빨간색 점무늬가 있다.

이른 봄을 알리는 **봄의 전령사!**

신기한 곤충상식

이른봄애호랑나비로 불린다!

이른 봄에 잠깐 나타나 '이른봄애호랑나비'라고도 불린다. 낮은 산골짜기에 핀 진달래, 얼레지 꽃 주변을 날아다니며 꿀을 빤다. 짝짓기를 마친 암컷은 애벌레의 먹이식물인 족도리풀 잎 뒷면에 알을 낳는다. 알에서 부화한 애벌레는 이 잎을 먹고 6월경 번데기가 되는데, 번데기는 그대로 겨울잠을 잔 뒤 이듬해 봄에 나비가 된다.

분류	호랑나비과
날개편길이	45~50mm
활동기	4~5월
탈바꿈	완전 탈바꿈
사는곳	낮은 산지

산호랑나비

나비목

학명: *Papilio machaon*

호랑나비와 닮은꼴
호랑나비와 매우 닮았지만 검은색 줄무늬보다 노란색이 더 강하다.

산속을 힘차게 날아다닌다!

신기한 곤충 상식

들보다 산을 좋아한다!

들보다는 산에 많이 살며 얼레지, 라일락, 엉겅퀴 꽃 등에서 꿀을 빤다. 간혹 낮은 산지나 백일홍 꽃밭에 모여 꿀을 빠는 모습을 볼 수 있다. 짝짓기를 마친 암컷은 애벌레의 먹이식물인 미나리, 방풍, 참당귀 등의 잎에 알을 낳는다. 1년에 2회 발생하며 봄형은 4월 중순~5월 하순, 여름형은 6월 중순~8월 말에 나타난다.

분류	호랑나비과
날개 편 길이	90~120mm
활동기	5~10월
탈바꿈	완전 탈바꿈
사는곳	높은 산지의 풀밭

호랑나비

나비목

학명: *Papilio xuthus*

호랑이 무늬를 닮은 날개
날개가 호랑이 무늬를 닮아 '호랑나비'라고 불린다.

우리나라의 대표 나비!

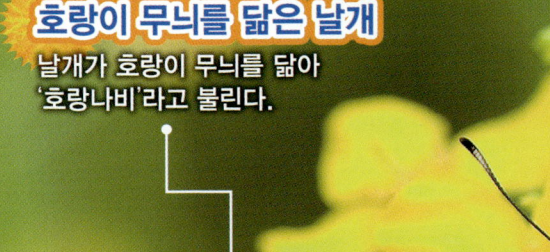

신기한 곤충상식

낮은 산지의 초원을 날아다닌다!

우리나라를 대표하는 나비로 어느 곳에서나 쉽게 볼 수 있다. 낮은 산지의 초원과 마을 주변을 빠르게 날아다니며 무궁화, 백일홍, 누리장나무의 꽃 등에서 꿀을 빠는 모습을 볼 수 있다. 어른벌레는 1년에 3회 발생하는데 봄형은 4~5월, 여름형은 6~7월, 8~9월 2회에 걸쳐 나타난다.

분류	호랑나비과
날개편 길이	65~120mm
활동기	4~10월
탈바꿈	완전 탈바꿈
사는곳	낮은 산지, 풀밭, 공원 꽃밭

호랑나비의 한살이

1 애벌레의 먹이식물 잎에 알을 낳는다.

▲ 호랑나비의 알

신기한 곤충 상식

짝짓기를 마친 암컷은 애벌레의 먹이식물인 탱자나무, 산초나무, 귤나무, 황벽나무 잎에 알을 낳는다. 약 일주일이 지나면 알에서 애벌레가 부화하는데, 애벌레는 나뭇잎을 갉아 먹으며 자란다. 5령 애벌레가 되면 허물을 벗고 번데기가 된다. 그 뒤 약 15일 후 번데기에서 호랑나비가 태어난다.

2 약 일주일 후, 알에서 애벌레로 부화한다.

▲ 알에서 나오는 1령 애벌레

3 허물을 벗고 번데기가 될 준비를 한다.

▲ 호랑나비 5령 애벌레

4 번데기가 된 뒤, 약 15일 후 호랑나비가 태어난다.

▲ 호랑나비의 번데기

제비나비

나비목

학명: *Papilio bianor*

날아다니는 모습이 제비를 닮다!

몸과 날개 모두 검은색
대형 나비로 제비처럼 몸과 날개가 모두 검은색이다.

▼ 철쭉에 앉아 있는 제비나비

신기한 곤충상식

산골짜기 주변을 빠르게 날아다닌다!

몸과 날개가 검은색인 제비를 닮아 '제비나비'라고 불린다. 산골짜기와 야산 주변을 빠르게 날아다니며 무궁화, 철쭉, 엉겅퀴 꽃 등에서 꿀을 빤다. 가끔 계곡 주변의 모래땅에 떼를 지어 앉아 물을 먹는 모습을 볼 수 있다. 암컷은 애벌레의 먹이식물인 산초나무, 머귀나무, 황벽나무 잎에 알을 낳는다.

분류	호랑나비과
날개 편 길이	80~135mm
활동기	4~9월
탈바꿈	완전 탈바꿈
사는곳	산지, 계곡

나비목

모시나비 ★★★★★★★★★★

학명: *Parnassius stubbendorfii*

모시 같은 날개를 자랑하다!

반투명한 백색 날개
반투명한 백색 날개를 가져 '모시나비'라고 불린다.

▼ 날개를 편 모시나비

신기한 곤충 상식 — 여러 종류의 꽃에서 꿀을 빨아 먹는다!

날개의 생김새가 여름에 입는 모시옷처럼 얇고, 속이 비친다고 하여 '모시나비'라는 이름이 붙었다. 산길이나 풀밭 주위를 천천히 날아다니며 엉겅퀴, 기린초 등 여러 종류의 꽃에서 꿀을 빨아 먹는다. 짝짓기를 마친 암컷은 현호색, 산괴불주머니 주변에 있는 마른 풀잎이나 낙엽에 알을 낳는다.

분류	호랑나비과
날개편 길이	55~65mm
활동기	5~6월
탈바꿈	완전 탈바꿈
사는곳	산길, 풀밭

노랑나비

나비목

학명: Colias erate

노란색 날개에 검은색 점무늬
날개는 일반적으로 노란색이며, 검은색의 점무늬가 있다.

흰나비과 중 가장 **힘이 세다!**

신기한 곤충상식

들꽃에 앉아 꿀을 빨아 먹는다!

시골 마을에서 쉽게 볼 수 있다. 풀밭 위를 빠르게 날아다니며 민들레, 엉겅퀴, 토끼풀 같은 들꽃에 앉아 꿀을 빨아 먹는다. 짝짓기를 하기 위해 날개돋이 하는 암컷 번데기 앞에는 수컷이 기다리고 있다. 짝짓기를 마친 암컷은 애벌레의 먹이식물인 토끼풀, 자운영 잎 뒷면에 알을 낳는다. 번데기로 겨울을 난다.

분류	흰나비과
날개 편 길이	47~52mm
활동기	3~10월
탈바꿈	완전 탈바꿈
사는곳	풀밭

남방노랑나비

나비목

학명: *Eurema hecabe*

따뜻한 남쪽에 사는 노랑나비!

날개 윗면에 있는 검은색 테두리
날개 윗면 가장자리에는 검은색의 테두리가 있는데, 춘추형은 앞날개 끝부분에만 얇게 있거나 전혀 없는 것도 있다.

신기한 곤충 상식

어른벌레로 겨울을 난다!

애벌레의 먹이식물이 있는 산길 주변에서 자주 볼 수 있다. 주로 따뜻한 남쪽지방에 살지만, 서해안과 중부지방에서도 볼 수 있다. 암컷은 비수리, 괭이싸리, 자귀나무 잎에 알을 낳는다. 어른벌레는 5~11월에 걸쳐 3~4회 발생한다. 어른벌레로 낙엽 속이나 바위 틈, 나무 뿌리 틈에서 겨울을 난다.

분류	흰나비과
날개 편 길이	40~50mm
활동기	5~11월
탈바꿈	완전 탈바꿈
사는곳	산길, 야산의 풀밭

배추흰나비

나비목

학명: Pieris rapae

우리 주변을 **맴돌다!**

암수 날개의 특징
수컷의 날개는 흰색인데 비해 암컷의 날개는 노란빛이 섞여 있다.

신기한 곤충상식

배춧잎을 갉아 먹으며 자란다!

야산이나 마을 주변, 논밭에서 쉽게 볼 수 있다. 엉겅퀴, 복숭아, 유채, 파, 무, 장다리꽃에 앉아 꿀을 빨아 먹는다. 암컷은 애벌레의 먹이식물인 무, 배추, 양배추 잎에 알을 낳는다. 애벌레가 배춧잎을 갉아 먹으며 자라기 때문에 애벌레를 '배추벌레'라고 부른다. 어른벌레는 1년에 4~5회 발생하며, 번데기 상태로 겨울잠을 잔다.

분류	흰나비과
날개편 길이	45~65mm
활동기	3월 중순~10월
탈바꿈	완전 탈바꿈
사는곳	산지, 풀밭

배추흰나비의 한살이

신기한 곤충상식

짝짓기를 마친 암컷은 배추밭에 날아와 배춧잎에 알을 낳는다. 7~9일 후 알에서 부화한 애벌레는 배춧잎을 먹으며 자라 약 2주일 뒤 번데기가 된다. 번데기는 다시 2주일 정도 지나면 어른벌레가 되는데, 어른벌레는 10일 정도 살다가 죽는다. 배추벌레는 농작물에 큰 피해를 주기 때문에 미리 잡아야 한다.

1 표면이 투명해지면서 날개가 보인다.

▲날개돋이 직전의 번데기

2 등이 갈라지고 머리와 가슴이 나온다.

▲번데기에서 나오는 배추흰나비

3 번데기에서 완전히 나온다.

▲날개를 펴는 배추흰나비

4 구겨진 날개를 펴고 말린다.

▲날개를 전부 편 배추흰나비

나비목

큰줄흰나비

학명: *Artogeia melete*

흰색 바탕에 검은색 줄무늬
날개는 일반적으로 흰색을 띠며 시맥을 따라 검은색 줄이 있다.

날개에 있는 검은색 줄무늬!

신기한 **곤충상식**

짝짓기를 마친 암컷은 수컷을 막는다!

산지의 풀밭, 마을 주변의 논밭에서 볼 수 있다. 풀밭 위를 날아다니며 복숭아, 개망초, 엉겅퀴, 유채 등 다양한 꽃에서 꿀을 빤다. 짝짓기를 마친 암컷은 배를 쳐들어 짝짓기 하려고 덤비는 수컷들을 막는다. 애벌레는 배추, 무, 미나리냉이의 잎을 먹으며 자란다. 어른벌레는 4~10월에 걸쳐 3회 발생하며, 번데기로 겨울을 난다.

분류	흰나비과
날개편 길이	55~65mm
활동기	4~10월
탈바꿈	완전 탈바꿈
사는곳	산지, 풀밭

줄점팔랑나비

나비목

학명: *Parnara guttatus*

날개에 있는 흰색 점무늬
앞날개에 8개, 뒷날개에 4개의 흰색 점무늬가 줄지어 있다.

갉아 먹는 해충!
애벌레는 벼 잎을

신기한 곤충 상식
밤에 나와 벼 잎을 갉아 먹는다!

산지의 풀밭, 마을, 논밭 주변에서 쉽게 볼 수 있다. 짝짓기를 마친 암컷은 논에 날아와 벼 잎에 알을 1개씩 낳는다. 애벌레는 벼 잎을 말아 대롱처럼 집을 만드는데, 낮에는 집에 숨어 있다가 밤에 나와서 벼 잎을 갉아 먹는다. 애벌레가 갉아 먹은 벼 잎은 이삭이 여물지 않아 농작물에 해를 끼친다.

분류	팔랑나비과
날개편 길이	34~40mm
활동기	5~10월
탈바꿈	완전 탈바꿈
사는곳	풀밭

왕자팔랑나비

나비목

학명: Daimio tethys

검은색 바탕에 흰색 점무늬
날개의 바탕은 검은색이며, 앞날개에 흰색 점무늬가 있다.

천적을 속이는 **영리한 나비!**

배에 난 털을 알에 붙인다!

낮은 산지 주변의 풀밭, 산길, 마을 근처에서 볼 수 있다. 풀밭 위를 날아다니며 엉겅퀴, 개망초, 나무딸기 꽃 등에서 꿀을 빤다. 암컷은 애벌레의 먹이식물인 마 잎에 알을 낳는데, 배에 난 털을 알에 붙여서 천적의 눈을 속인다. 애벌레는 마 잎을 잘라 집을 만든 뒤, 먹을 때만 집 밖으로 나온다. 다 자란 애벌레로 겨울을 난다.

분류	팔랑나비과
날개 편 길이	33~36mm
활동기	5~8월
탈바꿈	완전 탈바꿈
사는곳	풀밭

부전나비

나비목

학명: Lycaeides argyronomon

▼ 부전나비의 짝짓기

가장자리에 늘어선 주황색 무늬
날개 가장자리를 따라 늘어선 주황색 무늬가 특징이다.

화려한 주황색 무늬를 뽐내다!

신기한 곤충 상식

다양한 꽃에서 꿀을 빤다!

낮은 산지의 풀밭이나 논밭을 낮게 날아다니며 다양한 꽃에서 꿀을 빤다. 암컷은 주로 애벌레의 먹이식물인 갈퀴나물의 꽃봉오리나 줄기에 알을 낳는데, 먹이식물 근처의 다른 식물에 알을 낳기도 한다. 어른벌레는 5~10월에 걸쳐 2~3회 발생한다. 알로 겨울을 나며, 이듬해 봄 알에서 부화한 애벌레는 먹이식물의 잎을 먹고 자란다.

분류	부전나비과
날개 편 길이	22~30mm
활동기	5~10월
탈바꿈	완전 탈바꿈
사는곳	풀밭

큰주홍부전나비

나비목

학명: *Lycaena dispar*

검은색 점이 예쁜 암컷
암컷은 검은색 점이 예쁘게 배열되어 있다.

아름다운 주황색 날개!

▼ 날개를 접은 큰주홍부전나비 수컷

신기한 곤충 상식

볕이 잘 드는 곳을 좋아한다!

경기도와 충청도 일부 지역의 냇가나 논밭 주변의 풀밭에서 볼 수 있다. 볕이 잘 드는 곳을 좋아하며 개망초, 토끼풀, 나무딸기의 꽃 등에서 꿀을 빤다. 짝짓기를 마친 암컷은 애벌레의 먹이식물인 소리쟁이, 참소리쟁이 잎이나 주변의 마른 풀에 알을 1개씩 낳는데 산란 장소가 일정하지 않다. 애벌레로 겨울을 난다.

분류	부전나비과
날개 편 길이	30~40mm
활동기	5~10월
탈바꿈	완전 탈바꿈
사는곳	풀밭

남방부전나비 ★★★★★★★

나비목

학명: *Pseudozizeeria maha*

▼남방부전나비 수컷

검은색 작은 점무늬
뒷날개 가장자리에 있는 검은색 작은 점무늬가 특징이다.

풀밭에서 일광욕을 즐기다!

신기한 곤충상식

풀잎에 앉아 날개를 비빈다!

낮은 산의 풀밭이나 집 주변의 풀밭 위를 낮게 날아다닌다. 볕이 잘 드는 풀밭에서 일광욕을 하는 모습이나 풀잎에 앉아 날개를 비비는 모습을 볼 수 있다. 특히 괭이밥이 있는 곳에 가면 쉽게 볼 수 있다. 짝짓기를 마친 암컷은 애벌레의 먹이식물인 괭이밥 잎 뒷면에 알을 1개씩 낳는다.

분류	부전나비과
날개편 길이	25~31mm
활동기	4~10월
탈바꿈	완전 탈바꿈
사는곳	풀밭

33

담흑부전나비

나비목

학명: *Niphanda fusca*

흰색 테두리가 있는 암갈색 무늬
날개 뒷면에는 흰색 테두리의 암갈색 무늬가 있다.

일본왕개미와 공생관계!

애벌레와 번데기 기간을 개미굴에서 보낸다!

산지에 있는 풀밭 위를 낮게 날아다닌다. 엉겅퀴, 개망초 등의 꽃에서 꿀을 빨며 공생관계인 일본왕개미 집이 있는 풀밭에서 볼 수 있다. 짝짓기를 마친 암컷은 일본왕개미와 진딧물이 많은 어린 졸참나무의 잎과 가지에 알을 낳는다. 어른벌레는 6~8월에 걸쳐 1회 발생하며, 개미굴에서 애벌레로 겨울을 난다.

분류	부전나비과
날개 편 길이	32~42mm
활동기	6~8월
탈바꿈	완전 탈바꿈
사는곳	풀밭

담흑부전나비의 한살이

1 짝짓기 후, 진딧물과 일본왕개미가 있는 식물에 알을 낳는다.

▲담흑부전나비의 짝짓기

2 알을 낳은 모양이 특이하다.

▲담흑부전나비의 알

신기한 곤충상식

알에서 부화한 애벌레는 진딧물을 먹고 자라는데 3령 애벌레가 되면, 일본왕개미에게 납치되어 개미굴에 살게 된다. 이때부터 일본왕개미는 애벌레에게 먹이를 주며 정성껏 기르는데, 그 대신에 애벌레의 몸에서 나오는 분비물을 핥아먹으며 공생생활을 시작한다. 애벌레와 번데기 기간을 개미굴에서 보낸 뒤, 이듬해 6~7월에 어른벌레가 되어 굴 밖으로 나온다.

3 3령 애벌레가 되면 일본왕개미에게 납치당한다.

▲3령 애벌레를 잡아가는 일본왕개미

4 애벌레와 번데기 기간을 개미굴에서 산다.

▲담흑부전나비의 번데기

범부전나비

나비목

학명: *Rapala caerulea*

검은색 점이 있는 주황색 무늬
뒷날개 꼬리 근처에는 검은색 점이 있는 주황색 무늬가 있다.

봄날 진달래꽃에 **날아오다!**

신기한 곤충상식

번데기로 겨울을 난다!

낮은 산지의 숲이나 계곡 주변의 숲에서 볼 수 있다. 진달래, 매화, 개망초 등의 꽃에서 꿀을 빤다. 짝짓기를 마친 암컷은 아카시아, 고삼, 등나무의 잎에 알을 낳는다. 알에서 부화한 애벌레는 먹이식물인 잎보다 연한 꽃잎을 더 잘 먹는다. 1년에 2회 발생하며 봄형은 5~6월, 여름형은 7~8월에 나타난다. 번데기로 겨울을 난다.

분류	부전나비과
날개 편 길이	33~35mm
활동기	5~8월
탈바꿈	완전 탈바꿈
사는곳	숲

네발나비

나비목

학명: Polygonia c-aureum

퇴화된 2개의 앞다리
앞다리 2개는 사용하지 않아 퇴화되었다.

4개의 다리를 가진 특별한 나비!

▼ 날개를 접은 네발나비

신기한 곤충 상식
환삼덩굴 잎에 알을 낳는다!

산지의 풀밭이나 논밭 주변의 풀밭에서 흔히 볼 수 있다. 엉겅퀴, 개망초, 들국화 등의 꽃에서 꿀을 빨며 썩은 과일과 오물에도 모여든다. 암컷은 애벌레의 먹이식물인 환삼덩굴 잎에 알을 낳는다. 애벌레는 환삼덩굴 잎을 뒤로 말아 집을 짓고, 그 속에서 살며 번데기가 된다. 곤충은 보통 다리가 6개인데, 네발나비는 4개이다.

분류	네발나비과
날개 편 길이	50~60mm
활동기	겨울잠 자는 시기를 제외한 1년 내내
탈바꿈	완전 탈바꿈
사는곳	풀밭

공작나비

나비목

학명: *Inachis io*

커다란 눈 모양의 무늬
날개에는 공작 깃에 있는 큰 눈 모양의 무늬가 있다.

공작처럼 화려한 날개 무늬!

신기한 곤충 상식

국내에서는 발견하기 어렵다!

7~8월에 산 정상 부근의 숲과 풀밭 위를 천천히 날아다닌다. 큰까치수영, 쉬땅나무 등의 꽃에서 꿀을 빠는데 나무 수액에도 몰려든다. 애벌레는 가는잎쐐기풀 잎이나 맥주 원료인 호프의 잎을 먹는다. 국내에서는 강원도 일부 산악 지대와 경기도 북부 지역에만 서식해서 발견하기가 쉽지 않다. 하지만 북한에는 많이 서식한다.

분류	네발나비과
날개 편 길이	50~56mm
활동기	7월~이듬해 5월 (겨울잠 자는 시기 제외)
탈바꿈	완전 탈바꿈
사는곳	숲, 풀밭

나비목

작은멋쟁이나비

학명: Cynthia cardui

앞날개에 있는 7개의 흰무늬
앞날개 앞쪽은 검은 갈색이며 7개의 흰무늬가 있다.

▲날개를 접은 작은멋쟁이나비

나는 모습이 멋진 멋쟁이 나비!

신기한 곤충상식

전 세계에서 볼 수 있다!

전 세계에 퍼져 있는 나비로, 우리나라에서는 가을에 많이 볼 수 있다. 야산이나 들판의 풀밭 주변에서 빠르게 날아다니며 들국화, 쑥부쟁이, 백일홍, 코스모스 등의 꽃에서 꿀을 빤다. 짝짓기를 마친 암컷은 애벌레의 먹이식물인 떡쑥, 사철쑥, 우엉의 잎에 알을 낳는다. 알에서 부화한 애벌레는 잎을 말아 집을 짓고, 그 속에 숨어 산다.

분류	네발나비과
날개편길이	40~50mm
활동기	5~10월
탈바꿈	완전 탈바꿈
사는곳	풀밭

암끝검은표범나비

나비목

학명: *Argyreus hyperbius*

▲ 날개를 편 암끝검은표범나비

암컷 날개 끝부분은 검은색
암컷의 날개 끝부분이 검은색이라서 '암끝검은표범나비'라고 불린다.

암컷과 수컷의 무늬가 **다르다!**

▲ 암끝검은표범나비 암컷

신기한 곤충 상식

따뜻한 지방에서만 번식한다!

제주도와 남해안 지역에서 서식한다. 산기슭 주변의 풀밭, 야산의 풀밭, 산 정상 부근까지 날아와 활동한다. 엉겅퀴, 해바라기, 중나리 등의 꽃에서 꿀을 빨며, 백일홍 꽃밭에도 날아온다. 9월경에는 서해안을 따라 경기 지방까지 날아와 활동을 하지만 번식은 못 한다. 애벌레가 추위에 약해 따뜻한 지방에서만 번식하기 때문이다.

분류	네발나비과
날개편 길이	70~80mm
활동기	3~11월
탈바꿈	완전 탈바꿈
사는곳	풀밭

나비목

부처나비 ★★★★★★★★★★★

학명: Mycalesis gotama

눈알 모양의 무늬
날개에 뱀의 눈처럼 생긴 눈알 모양의 무늬가 있다.

눈알 모양의 무늬로 적을 위협하다!

신기한 곤충상식 참나무 진이나 썩은 과일 즙을 좋아한다!

산지의 풀밭, 논밭 주변의 풀밭에서 볼 수 있다. 참나무 진이나 썩은 과일 즙을 좋아하기 때문에 꽃에는 오지 않는다. 날개에는 뱀의 눈처럼 생긴 눈알 모양의 무늬가 새겨져 있는데, 이것은 천적을 놀라게 하기 위한 것이다. 암컷은 애벌레의 먹이식물인 주름조개풀, 벼, 억새 등의 잎 뒷면에 알을 1개씩 낳는다. 애벌레로 겨울을 난다.

분류	네발나비과
날개편길이	45~55mm
활동기	5~9월
탈바꿈	완전 탈바꿈
사는곳	풀밭

나비목

뿔나비

학명: Libythea celtis

뿔처럼 앞으로 불쑥
아랫입술의 수염이 뿔처럼 앞으로 불쑥 나와 있다.

수십 마리가 떼 지어 물을 빨아 먹다!

신기한 **곤충 상식**

덤불 속에서 겨울잠을 잔다!

계곡 주변의 숲이나 풀밭에서 볼 수 있다. 볕이 잘 드는 덤불 속에서 겨울잠을 자다가 3월이면 깨어나 활동을 시작한다. 물기가 있는 산길에서 수십 마리가 떼 지어 물을 빨아 먹기도 한다. 짝짓기를 마친 암컷은 애벌레의 먹이식물인 팽나무나 풍게나무의 어린잎에 알을 1개씩 낳는다. 어른벌레는 7월 장마철이 되면 여름잠을 위해 자취를 감춘다.

분류	네발나비과
날개편길이	40~50mm
활동기	3~10월
탈바꿈	완전 탈바꿈
사는곳	숲, 풀밭

나비목

작은검은꼬리박각시

학명: *Macroglossum bombylans*

빨대처럼 기다란 입
빨대처럼 기다란 입을 꽃에 꽂아 꿀을 빨아 먹는다.

정지비행을 하는 비행 마술사!

신기한 곤충 상식

벌새처럼 쉴 새 없이 날아다닌다!

나방이지만 나비처럼 낮에 활동하고, 밤에 쉰다. 마을 주변이나 꽃밭에서 이 꽃 저 꽃 날아다니며 꽃에서 꿀을 빤다. 꿀을 먹을 때는 공중에서 정지비행의 상태로 빨대처럼 긴 입을 꽃에 꽂아 빨아 먹는다. 앉지 않고 쉴 새 없이 날아다니며 꿀을 빠는 모습이 마치 벌새를 닮았다.

분류	박각시과
날개 편 길이	40~44mm
활동기	7~10월
탈바꿈	완전 탈바꿈
사는곳	산지의 풀밭, 마을 주변의 풀밭

네눈은빛애기자나방

나비목

학명: *Problepsis diazoma*

새똥 모양의 무늬로 적을 피하다!

순백색의 날개
순백색 날개에는 새똥 모양의 불규칙한 둥근 무늬가 있다.

▼새똥처럼 보이는 네눈은빛애기자나방

신기한 곤충상식

낮에는 나뭇잎 위에서 쉰다!

나무가 우거진 숲에 많이 산다. 주로 밤에 활동하고 낮에는 나뭇잎 위에 날개를 펴고 앉아 쉬는데, 날개에 새똥 모양의 무늬가 있어 천적의 공격을 피할 수 있다. 자나방 무리에 속하는 이 나방의 애벌레를 '자벌레'라고 부르며, 자벌레는 천적이 나타나면 배의 끝부분을 나뭇가지에 붙이고 몸을 세워 나뭇가지 흉내를 낸다.

분류	자나방과
날개 편 길이	28~34mm
활동기	6~8월
탈바꿈	완전 탈바꿈
사는곳	야산이나 산지의 숲

나비목

태극나방 ★★★★★★★★★★★

학명: *Spirama retorta*

멋진 태극 무늬를 자랑하다!

앞날개에 새겨진 태극 무늬
날개에 태극 무늬가 있어 '태극나방'이라고 불린다.

신기한 곤충상식

날개에 새겨진 무늬로 적을 피한다!

어른벌레는 5~6월, 7~8월에 걸쳐 1년에 2회 발생한다. 낮에는 풀숲에 앉아 쉬고, 밤에는 나뭇진이나 과일의 즙을 빨아 먹으며 활동한다. 어른벌레의 앞날개 중앙에는 뱀 눈알 모양의 무늬가 2개 새겨져 있다. 이것은 태극 무늬와 닮았는데, 이 무늬를 본 천적들은 뱀인 줄 알고 깜짝 놀라 공격을 멈춘다.

분류	밤나방과
날개 편 길이	64~75mm
활동기	5~8월
탈바꿈	완전 탈바꿈
사는곳	야산이나 산지의 숲

애기나방

나비목

학명: Amata fortunei

독침이 있는 말벌을 닮다!

▼ 짝짓기 중인 암수 한 쌍

2개의 노란색 띠
가슴, 배에 2개의 노란색 띠가 있다.

신기한 곤충 상식

2개의 검은색 더듬이가 멋지다!

어른벌레는 6~9월에 걸쳐 1년에 2회 발생한다. 밤에는 활동하지 않고, 낮에 풀밭 부근을 날아다니며 여러 종류의 꽃에서 꿀을 빤다. 어른벌레의 겉모습은 말벌류를 닮았으며, 가슴과 배에 2개의 노란색 띠가 있다. 애벌레는 보랏빛 검은색을 띠며 털로 덮여 있다. 먹이식물은 민들레이며, 애벌레로 겨울을 난다.

분류	애기나방과
날개 편 길이	30~37mm
활동기	6~9월
탈바꿈	완전 탈바꿈
사는곳	풀밭

나비목
옥색긴꼬리산누에나방

학명: *Actias gnoma*

아름다운 모습의 대형 나방
날개 편 길이는 95~110mm로 우리나라의 나방 중 대형 나방에 속한다.

달빛을 받으면 옥색으로 **빛이 난다!**

신기한 곤충상식

주로 밤에 활동한다!

우리나라의 나방 중 대형 나방에 속한다. 주로 밤에 활동하며 달빛을 받으면 옥색으로 빛이 나 매우 아름답다. 짝짓기를 마친 암컷은 애벌레의 먹이식물인 단풍나무, 층층나무 등의 나뭇잎에 알을 낳는데, 보통 3~7개씩 가지런히 낳는다. 어른벌레는 1년에 2회 발생하며, 연두색 고치 속에서 번데기로 겨울을 난다.

분류	산누에나방과
날개 편 길이	95~110mm
활동기	5~8월
탈바꿈	완전 탈바꿈
사는곳	산지의 숲

으름밤나방

나비목

학명: Adris tyrannus

위장술의 천재! 낙엽을 닮은

낙엽처럼 생긴 날개
날개가 낙엽처럼 생겨서 천적을 쉽게 속일 수 있다.

신기한 곤충상식

애벌레의 몸에도 가짜 눈알 무늬가 있다!

날개가 낙엽처럼 생겨 위장술이 매우 뛰어나다. 낙엽이 떨어진 곳에 가만히 있으면 낙엽처럼 보여 천적의 눈을 쉽게 속일 수 있다. 애벌레의 몸에도 가짜 눈알 무늬가 새겨져 있어, 천적을 놀라게 한다. 암컷은 애벌레의 먹이식물인 으름덩굴의 잎에 알을 낳는다. 다 자란 애벌레는 잎을 묶어 고치를 만들고, 그 속에서 번데기가 된다.

분류	밤나방과
날개편 길이	95~100mm
활동기	7~10월
탈바꿈	완전 탈바꿈
사는곳	과수원 주변의 풀숲

나비목

깜둥이창나방 ★★★★★★★

학명: Thyris fenestrella seoulensis

우리나라에만 서식하는 한국 고유종!

창문처럼 생긴 흰색 무늬
검은색 날개 중앙에 있는 반투명한 흰색 무늬가 창문처럼 보인다.

신기한 곤충상식

우리나라에서만 볼 수 있다!

우리나라에만 서식하는 한국 고유종이며, 어른벌레는 5~8월에 걸쳐 1년에 2회 발생한다. 검은색 날개 중앙에 있는 반투명한 흰색 무늬가 창문처럼 보여 독특한 이름이 지어졌다. 나방이지만 밤이 아닌 낮에 활동한다. 산과 들을 빠르게 날아다니며 각종 야생화에서 꿀을 빨아 먹는다.

분류	창나방과
날개편길이	16~18mm
활동기	5~8월
탈바꿈	완전 탈바꿈
사는곳	산과 들

길앞잡이

딱정벌레목

학명: *Cicindela chinensis*

뛰어난 사냥 솜씨를 **뽐내다!**

몸 전체가 화려한 빛깔
빨강, 주황, 초록, 파랑 등 몸 빛깔이 화려하다.

▼ 길앞잡이의 앞모습

신기한 곤충상식

작은 곤충들을 잡아먹는다!

몸 빛깔이 매우 화려하며, 산길에서 개미 같은 작은 곤충들을 잡아먹는다. 5월에 가장 많은 개체가 나타나며, 6월 이후에는 더위를 피해 풀숲으로 들어가기 때문에 보기 어렵다. 애벌레는 땅에 수직굴을 파 그 속에 살며 굴 위를 지나가는 작은 곤충들을 사냥한다. 한살이가 2년이며 첫 해에는 애벌레로, 그다음 해에는 어른벌레로 겨울을 난다.

분류	길앞잡이과
크기	18~20mm
활동기	4~6월, 8~9월
탈바꿈	완전 탈바꿈
사는곳	산길, 경작지 주변, 풀이 없는 평지

아이누길앞잡이

딱정벌레목

학명: *Cicindela gemmata*

노란색 무늬의 딱지날개
몸은 녹색을 띤 적동색이며, 딱지날개에는 연한 노란색 무늬가 있다.

개미를 잘 잡는 개미 사냥꾼!

신기한 곤충상식

굴 위를 지나가는 개미를 사냥한다!

맑은 날 산길이나 풀밭 주변의 땅 위에서 볼 수 있다. 산길을 걸을 때 나타나 길을 앞서 도망 다니는 특성 때문에 '길앞잡이'라고 불린다. 길앞잡이처럼 어른벌레, 애벌레 모두 작은 곤충들을 잡아먹는다. 애벌레는 땅에 판 굴속에 살며 굴 위를 지나가는 개미를 사냥하는데, 솜씨가 뛰어나 '개미 사냥꾼'이라는 별명이 붙었다.

분 류	길앞잡이과
크 기	16~17mm
활동기	4~6월, 늦가을
탈바꿈	완전 탈바꿈
사는곳	산길, 경작지 주변

멋쟁이딱정벌레

딱정벌레목

학명: *Carabus jankowskii*

천적에게 고약한 냄새를 뿜다!

퇴화된 뒷날개
뒷날개가 퇴화되어 날지 못하고 기어 다닌다.

뒷날개가 퇴화되어 날지 못한다!

큰 나무들이 많이 우거져 그늘진 숲속에서 산다. 어른벌레는 낮에는 어두운 곳에 숨어 있다가 밤에 나와 작은 곤충이나 달팽이, 지렁이 등을 잡아먹는다. 때로는 나무 밑동에서 흘러나오는 수액에도 모인다. 뒷날개가 퇴화되어 날지 못하기 때문에 숲 바닥을 기어 다닌다. 가장 흔해서 우리나라를 대표할 만한 딱정벌레이다.

분류	딱정벌레과
크기	28~40mm
활동기	5~9월
탈바꿈	완전 탈바꿈
사는곳	산의 숲속

물방개

딱정벌레목

학명: Cybister japonicus

물속의 청소부! 식성이 좋은

▲배 끝을 물 밖으로 내놓고 숨을 쉬는 물방개

● **털이 많은 뒷다리**
뒷다리가 크고 길며, 털이 많아 빠른 속도로 헤엄칠 수 있다.

신기한 곤충 상식

죽은 물고기와 개구리도 먹는다!

어른벌레, 애벌레 모두 육식성으로 물속에서 수서 곤충, 올챙이, 물고기 등을 잡아먹는다. 식성이 좋아 죽은 물고기나 개구리도 먹어서 '물속의 청소부'라는 별명이 붙었다. 암컷은 물풀의 잎이나 줄기에 알을 낳는다. 다 자란 애벌레는 물 밖으로 나와 땅에 구멍을 파고 그 속에서 번데기가 된다. 어른벌레는 1년에 1회 발생한다.

분류	물방개과
크기	35~40mm
활동기	1년 내내(주로 봄, 여름에 많이 활동함)
탈바꿈	완전 탈바꿈
사는곳	연못, 웅덩이, 논, 도랑

딱정벌레목

물맴이 ★★★★★★★★★★★

학명: Gyrinus japonicus

▼ 꽁무니에 공기 방울을 만들어 숨을 쉬는 물맴이

▲ 물 위에서 맴돌며 다니는 물맴이

위아래로 나뉜 눈
눈은 위아래로 나뉘어 있다. 위쪽 눈은 물 밖을, 아래쪽 눈은 물속을 본다.

물 위를 뱅글뱅글 맴돈다!

신기한 곤충 상식

위험할 때는 물속으로 들어간다!

연못처럼 물이 고여 있거나 천천히 흐르는 물에서 산다. 물 위를 빠르게 헤엄치며 원 모양으로 뱅글뱅글 맴돌다가, 물 위에 떨어진 작은 벌레들을 잡아먹는다. 물맴이는 눈이 위아래로 나뉘어 있는데, 위쪽 눈은 물 밖을 보고, 아래쪽 눈은 물속을 본다. 위험할 때는 물속으로 들어가는데, 꽁무니에 공기 방울을 만들어 숨을 쉰다.

분류	물맴이과
크기	6~7mm
활동기	4~10월
탈바꿈	완전 탈바꿈
사는곳	연못, 논 웅덩이

딱정벌레목

물땡땡이 ★★★★★★★★★★★

학명: *Hydrophilus acuminatus*

번갈아 움직이는 다리
걸어가듯이 좌우의 다리를 번갈아 움직이며 헤엄친다.

헤엄을 잘 치는 훌륭한 **수영 선수!**

신기한 곤충 상식

알주머니에 알을 낳는다!

웅덩이, 연못처럼 고인 물에서 볼 수 있다. 걸어가듯이 좌우의 다리를 번갈아 움직여 헤엄치며, 여름밤 불빛에 날아온다. 어른벌레는 물속에서 물풀이나 썩은 풀을 먹고, 애벌레는 작은 벌레를 잡아먹는다. 암컷은 속이 비치는 알 주머니에 알을 낳아 물풀에 붙여 놓는다. 시골에서는 '똥방개' 또는 '보리방개'라고도 부른다.

분류	물땡땡이과
크기	32~40mm
활동기	4~11월
탈바꿈	완전 탈바꿈
사는곳	연못, 논, 웅덩이

딱정벌레목

넓적사슴벌레 ★★★★★★

학명: Serrognathus platymelus

광택이 나는 검은색
전체적인 몸 빛깔은 광택이 나는 검은색이며, 생김새는 넓고 납작하다.

우리나라에서 가장 큰 사슴벌레!

▼넓적사슴벌레 암컷

신기한 곤충상식

나뭇진이 흐르는 곳에서 짝짓기를 한다!

여름철, 참나무 숲 나뭇진이 흐르는 곳에서 볼 수 있다. 주로 밤에 활동하며, 낮에는 나무 구멍이나 낙엽 속에 숨어서 쉰다. 암컷과 수컷은 나뭇진이 흐르는 곳에서 만나 짝짓기를 한다. 그 후 암컷은 주로 땅에 묻혀 있는 죽은 참나무에 알을 낳는데 미루나무, 밤나무 등에도 알을 낳는다.

분 류	사슴벌레과
크 기	수컷 20~50mm / 암컷 20~35mm
활동기	6~9월
탈바꿈	완전 탈바꿈
사는곳	활엽수림 (참나무 숲)

넓적사슴벌레의 한살이

신기한 곤충상식

알에서 어른벌레가 되기까지 1~3년이 걸린다. 암컷이 낳은 알은 약 15일 후 애벌레로 태어나고, 죽은 나무속을 갉아 먹으며 오랜 시간을 나무속에서 산다. 그사이에 3번의 허물을 벗고, 크게 자란 애벌레는 번데기 방을 만들어 번데기가 된다. 번데기는 약 20일 후 우화하여 어른벌레가 되어 나무 밖으로 나온다.

1 죽은 참나무에 알을 낳는다.

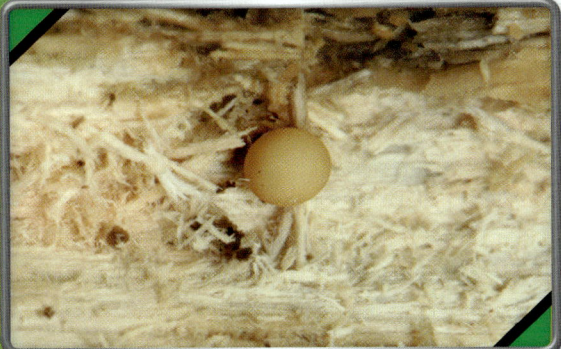

▲넓적사슴벌레의 알

2 15일 후 알에서 애벌레가 태어난다.

▲알에서 깨어난 1령 애벌레

3 애벌레는 3번의 허물을 벗고 자란다.

▲허물을 3번 벗은 4령 애벌레

4 번데기 방 속에서 번데기가 된다.

▲나무속 번데기 방에 누워 있는 번데기

다우리아사슴벌레

딱정벌레목

학명: *Prismognathus dauricus*

톱날 같은 이빨을 **자랑하다!**

촘촘히 나 있는 이빨
수컷의 큰턱은 앞으로 향해 있으며 톱날 같은 작은 이빨이 촘촘히 나 있다.

▼다우리아사슴벌레의 큰턱

▲다우리아사슴벌레 수컷

신기한 곤충상식

불을 켜면 가장 많이 날아든다!

국내에 사는 사슴벌레 중 유일하게 한살이가 1년이다. 수컷의 큰턱은 다른 사슴벌레에 비해 작지만 작은 이빨이 촘촘히 나 있어 톱날 같다. 여름에 산지에서 불을 켜면 가장 많이 날아드는 사슴벌레이다. 암컷은 죽은 참나무에 알을 낳으며, 알에서 부화한 애벌레는 나무속을 갉아 먹으며 자란다.

분류	사슴벌레과
크기	수컷 15~42mm 암컷 13~26mm
활동기	6~9월
탈바꿈	완전 탈바꿈
사는곳	활엽수림 (참나무 숲)

톱사슴벌레

딱정벌레목

학명: *Prosopocoilus inclinatus*

▶ 톱사슴벌레 수컷

길고 휘어진 큰턱
수컷의 큰턱은 길고, 아래로 휘어져 있어 사슴뿔처럼 보인다.

단단한 갑옷을 입은 숲 속의 무사!

▼ 사슴뿔처럼 보이는 톱사슴벌레의 큰턱

신기한 곤충 상식

집게처럼 생긴 큰턱으로 적을 공격한다!

주로 밤에 활동하지만, 낮에도 참나무 진을 먹기도 한다. 수컷의 큰턱은 길고, 아래로 휘어져 있어 마치 사슴뿔처럼 보인다. 수컷은 큰턱으로 먹이를 차지하기 위해 다른 곤충과 싸우기도 하고, 암컷을 차지하기 위해 다른 수컷과 싸우기도 한다. 집게처럼 생긴 큰턱으로 상대방을 잡고 던져 버리거나 꽉 집어서 힘을 못 쓰게 한다.

분류	사슴벌레과
크기	수컷 23~45mm 암컷 23~33mm
활동기	6~9월
탈바꿈	완전 탈바꿈
사는곳	활엽수림 (참나무 숲)

두점박이사슴벌레

학명: Prosopocoilus astacoides blanchardi

가슴 양쪽에 있는 2개의 점
가슴 양쪽에 2개의 점이 뚜렷해 '두점박이사슴벌레'라고 불린다.

멸종위기 야생생물로 지정되다!

죽은 나무에 홈을 파고 알을 낳는다!

키가 큰 활엽수가 우거진 곳에 살며, 암수 모두 가슴 양쪽에 2개의 점이 뚜렷해 '두점박이사슴벌레'라고 불린다. 어른벌레는 나뭇진이 흐르는 곳에 모이며, 이곳에서 암수가 만나 짝짓기를 한다. 암컷은 죽은 나무에 작은 홈을 파고 알을 낳는데, 이 알은 약 15일 후 부화하여 애벌레가 된다. 한국에서는 제주도에만 서식한다.

분류	사슴벌레과
크기	수컷 45~65mm / 암컷 28~39mm
활동기	6~9월
탈바꿈	완전 탈바꿈
사는곳	활엽수림

큰넓적송장벌레

딱정벌레목

학명: Eusilpha jakowlewi

4개의 세로줄
딱지날개에는 4개의 세로줄이 있다.
바깥쪽 2줄은 짧고, 안쪽의 2줄은 길다.

동물의 사체나 배설물을 먹다!

신기한 곤충 상식

땅에 구덩이를 파고 동물의 사체를 묻는다!

야산이나 들에 있는 동물의 사체나 배설물을 먹는다. 주로 밤에 활동하지만 낮에 발견되기도 한다. 암컷과 수컷은 동물의 사체를 발견하면 함께 땅에 구덩이를 파고 사체를 묻는다. 그런 후 짝짓기를 하고 그 속에 알을 낳는데, 알에서 부화한 애벌레도 사체를 먹는다. 어른벌레는 1년에 1회 발생하며, 어른벌레로 겨울을 난다.

분류	송장벌레과
크기	17~23mm
활동기	5~8월
탈바꿈	완전 탈바꿈
사는곳	낮은 산지, 들, 야산

뿔쇠똥구리

딱정벌레목

학명: *Copris ochus*

상아 모양의 긴 뿔
수컷의 이마에는 상아 모양의 긴 뿔이 1개 있다.

똥을 먹는 곤충 코뿔소!

▲ 뿔쇠똥구리 수컷

신기한 곤충상식

풀을 먹고 사는 소의 똥에서 산다!

소나 말을 방목하는 곳, 동물의 똥을 모아 놓은 곳에서 똥을 먹고 산다. 수컷의 이마에는 상아 모양의 긴 뿔이 1개 있어 마치 작은 코뿔소처럼 보인다. 암컷은 뿔이 없다. 애벌레는 똥을 먹고 자라며 번데기 과정을 거쳐 어른벌레가 된다. 뿔쇠똥구리는 풀을 먹은 소가 눈 똥에서만 산다.

분류	쇠똥구리과
크기	18~28mm
활동기	5~10월
탈바꿈	완전 탈바꿈
사는곳	소나 말을 방목하는 곳

뿔쇠똥구리의 한살이

1 짝짓기를 마치면 집 지을 준비를 한다.

▲뿔쇠똥구리 수컷과 암컷

2 똥 더미 아래에 깊숙한 굴을 만든다.

▲똥 더미 아래 땅속에 지어진 뿔쇠똥구리의 방

신기한 곤충상식

1년에 1회 발생한다. 땅속에서 어른벌레로 겨울을 나고 봄에 밖으로 나온다. 짝짓기를 마친 암컷과 수컷은 함께 집을 짓는다. 수컷은 똥 더미 아래에 깊숙한 굴을 만든 후, 똥 더미에서 똥을 잘라 굴속에 있는 암컷에게 운반한다. 암컷은 똥을 경단처럼 동그랗게 빚은 후 그 속에 알을 낳는다. 알에서 부화한 애벌레는 경단 속에서 똥을 먹고 자란다.

3 경단 속에서 부화한 애벌레는 똥을 먹고 자란다.

▲쇠똥 경단 속 뿔쇠똥구리의 애벌레

4 똥을 먹고 자란 애벌레는 번데기가 된다.

▲뿔쇠똥구리의 번데기

딱정벌레목

보라금풍뎅이 ★★★★★★★

학명: Chromogeotrupes auratus

14개의 세로줄
딱지날개에는 점무늬로 이루어진 14개의 세로줄이 있다.

똥 속에 알을 낳다!

신기한 곤충 상식

어른벌레는 동물의 똥을 먹는다!

몸은 둥글게 생겼으며 자줏빛 광택을 띤다. 전국에 분포되어 있으며 강원도 북쪽 지방에 특히 많다. 어른벌레는 동물의 똥을 먹고 산다. 산지에 있는 동물의 똥을 들춰 보면 똥 밑에 모여 있는 경우가 있다. 암컷은 쇠똥구리처럼 똥을 둥글게 만들어 그 속에 알을 낳고, 알에서 부화한 애벌레는 똥을 먹고 자란다. 어른벌레로 겨울을 난다.

분 류	금풍뎅이과
크 기	14~20mm
활동기	6~9월
탈바꿈	완전 탈바꿈
사는곳	산지

풍뎅이

딱정벌레목

학명: *Mimela splendens*

▶짝짓기를 하려는 풍뎅이 한 쌍

광택이 강한 진한 녹색
몸 빛깔은 광택이 강한 진한 녹색으로 금방 눈에 띈다.

눈에 띄는 녹색 광택!

신기한 곤충상식

애벌레는 땅속에서 식물의 뿌리를 먹는다!

전국에 분포되어 있으며 6~7월에 많이 보인다. 몸 빛깔은 진한 녹색으로 광택이 강해 나뭇잎에 앉아 있어도 금방 눈에 띈다. 어른벌레는 벚나무, 오리나무, 상수리나무 등 활엽수의 잎을 갉아 먹고, 애벌레는 땅속에서 식물의 뿌리를 먹고 자란다. 알에서 어른벌레가 되기까지의 한살이 기간은 1~2년이다.

분 류	풍뎅이과
크 기	15~23mm
활동기	4~11월
탈바꿈	완전 탈바꿈
사는곳	야산이나 들판의 풀숲, 강변 주변의 풀숲

장수풍뎅이

딱정벌레목

학명: *Allomyrina dichotoma*

▼ 장수풍뎅이 수컷

머리에 난 기다란 뿔
우리나라의 풍뎅이 중 가장 크며, 수컷 머리에는 커다란 뿔이 나 있다.

곤충 세계의 **무적 코뿔소!**

신기한 곤충상식

수컷은 긴 뿔로 상대와 싸운다!

우리나라의 풍뎅이 중 가장 몸집이 크다. 수컷은 머리에 커다란 뿔이 나 있고, 가슴 등판에도 뿔이 있다. 낮에는 나무 뿌리 근처의 낙엽 밑에 숨어 있다가 해가 지면 참나무 진이 흐르는 곳에 모여들어 핥아먹고, 짝짓기도 한다. 수컷은 먹이와 암컷을 차지하기 위해 커다란 뿔로 상대와 싸운다. 밤에 불빛을 보고 날아오기도 한다.

분류	장수풍뎅이과
크기	30~55mm
활동기	7~9월
탈바꿈	완전 탈바꿈
사는곳	산이나 야산의 참나무 숲

장수풍뎅이의 한살이

신기한 곤충 상식

짝짓기를 마친 암컷은 썩은 낙엽이나 두엄 더미 속으로 파고 들어가 알을 낳는다. 10~15일 후 알에서 애벌레가 깨어 나오는데, 애벌레는 썩은 낙엽이나 풀을 먹으며 자란다. 허물을 2번 벗고 3령 애벌레가 되면 두엄 더미에 번데기 방을 만들고 번데기가 된다. 번데기는 15~20일쯤 지나면 날개돋이를 하여 어른벌레가 되는데, 어른벌레는 3~10일 후 몸을 단단하게 굳혀 땅 위로 올라온다.

1 해가 지면 참나무 진이 흐르는 곳에 모여든다.

▲참나무 진에 모인 장수풍뎅이 수컷과 암컷

2 참나무 진이 흐르는 곳에서 짝짓기를 한다.

▲장수풍뎅이의 짝짓기

4 10~15일 후 알에서 애벌레가 깨어난다.

▲알에서 깨어난 1령 애벌레

3 썩은 낙엽이나 두엄 더미 속에 알을 낳는다.

▲두엄 속에 하얀색 알을 낳는 장수풍뎅이 암컷

딱정벌레목

사슴풍뎅이 ★★★★★★★★★★

학명: *Dicranocephalus adamsi*

▲나뭇진을 먹는 사슴풍뎅이 수컷

▲사슴풍뎅이 수컷의 공격 자세

▼사슴뿔 모양의 뿔과 긴 앞다리로 싸우는 수컷

▼싸워서 이긴 수컷과 암컷의 짝짓기

신기한 곤충 상식

암컷을 차지하기 위해 싸움을 벌인다!

야산 잡목림에서 볼 수 있으며 6월에 가장 많다. 수컷은 머리 앞쪽에 사슴뿔 모양의 뿔이 있으며, 암컷은 없다. 어른벌레는 나뭇진이 흐르는 곳에 모이는데, 그곳에서 암컷을 차지하기 위해 수컷끼리 싸움을 벌인다. 싸움에서 이긴 수컷은 암컷과 짝짓기를 한다. 예전에는 서울 근교의 참나무 숲에 많았으나, 요즘에는 보기 어렵다.

분류	꽃무지과
크기	21~35mm
활동기	5~7월
탈바꿈	완전 탈바꿈
사는곳	산지

▼싸우기 직전 수컷들의 모습

뿔과 긴 앞다리로 벌이는 **치열한 결투!**

사슴뿔 모양의 뿔
수컷은 머리 앞쪽에 사슴뿔 모양의 뿔이 있다.

등얼룩풍뎅이

딱정벌레목

학명: *Blitopertha orientalis*

얼룩 무늬가 있는 등껍질
등껍질 표면에 얼룩 무늬가 있어 '등얼룩풍뎅이'라고 불린다.

애벌레는 농작물의 해충!

신기한 곤충상식

애벌레는 땅속에서 식물의 뿌리를 갉아 먹는다!

전국에 분포되어 있다. 어른벌레는 풀밭이나 볕이 잘 드는 풀잎에 앉아 있거나 가끔 날기도 한다. 보통 6~7월에 많이 볼 수 있으며, 풀잎이나 나뭇잎을 갉아 먹는다. 애벌레는 땅속에서 식물의 뿌리를 갉아 먹는 농작물의 해충이다. 알에서 어른벌레가 되기까지 1~2년이 걸린다.

분류	풍뎅이과
크기	8~13mm
활동기	3~11월
탈바꿈	완전 탈바꿈
사는곳	풀밭

점박이꽃무지

딱정벌레목

학명: *Protaetia orientalis*

점무늬가 있는 딱지날개
딱지날개에 작은 점무늬가 띄엄띄엄 있다.

썩은 짚에 알을 낳다!

신기한 곤충 상식

애벌레는 등에 난 털로 기어 다닌다!

어른벌레는 들에 핀 꽃이나 잘 익은 과일, 나뭇진이 흐르는 곳에 모인다. 암컷은 초가 지붕의 썩은 짚이나 두엄 더미, 낙엽 속에 알을 낳는다. 알에서 부화한 애벌레는 썩은 짚이나 썩은 풀, 낙엽을 먹으며 자란다. 애벌레는 등에 털이 있고 다리가 짧은데, 누워서 등에 난 털로 기어 다닌다.

분류	꽃무지과
크기	20~25mm
활동기	4~9월
탈바꿈	완전 탈바꿈
사는곳	산지의 참나무 숲

풀색꽃무지

딱정벌레목

★★★★★★★★

학명: *Gametis jucunda*

온갖 꽃에 모이다! 산과 들에 핀

황색 털이 나 있는 딱지날개
딱지날개의 윗부분에는 부드러운 황색 털이 나 있다.

신기한 곤충 상식

봄과 가을에 특히 많다!

풀색꽃무지는 매우 흔한 종으로 쉽게 볼 수 있다. 봄과 가을에 특히 많으며, 산과 들에 피는 온갖 꽃에 모인다. 꽃 속에 머리를 틀어박고 꿀, 꽃술, 꽃잎을 먹는다. 애벌레는 땅속에 살면서 나무뿌리나 각종 썩은 식물성 먹이를 먹고 1~2년간 자란다. 어른벌레는 봄과 가을에 발생한다.

분류	꽃무지과
크기	10~14mm
활동기	3~10월
탈바꿈	완전 탈바꿈
사는곳	산과 들

딱정벌레목

호랑꽃무지

학명: *Trichius succinctus*

검은색 몸에 노란색 털
전체적인 몸 빛깔은 검은색이고, 노란색 털로 촘촘히 덮여 있다.

몸의 무늬가 호랑이를 닮다!

몸 전체에 노란색 털이 나 있다!

전국에 분포되어 있으며, 몸 전체에 노란색 털이 많이 나 있다. 어른벌레는 6월에 가장 많이 보이며 개망초, 큰까치수영, 엉겅퀴 등의 꽃에 모여 꽃가루를 먹는다. 꽃 위에서 암수가 만나 짝짓기를 하는 모습도 볼 수 있다. 한살이 기간은 1~2년이며, 어른벌레로 흙 속에서 겨울을 난다.

분류	꽃무지과
크기	8~13mm
활동기	4~11월
탈바꿈	완전 탈바꿈
사는곳	산지

비단벌레

딱정벌레목

학명: *Chrysochroa coreana*

천연기념물로 지정되다!

화려한 빛깔의 딱지날개
화려한 금속광택이 나는 딱지날개는 공예 장식품의 소재로 쓰였다.

신기한 곤충상식

뜨거운 한낮에 짝을 찾기 위한 비행을 한다!

녹색 금속광택이 화려한 곤충으로 천연기념물 제496호로 지정되었다. 어른벌레는 햇볕이 뜨거운 한낮에 오래된 팽나무, 느릅나무 주변을 날아다니며 짝을 찾기 위한 비행을 한다. 짝짓기를 마친 암컷은 팽나무, 느티나무 등의 나무껍질 틈에 알을 낳고, 알에서 나온 애벌레는 나무속을 파먹으며 자란다.

분류	비단벌레과
크기	32~38mm
활동기	7~8월
탈바꿈	완전 탈바꿈
사는곳	팽나무, 느티나무, 벚나무 등

딱정벌레목

대유동방아벌레 ★★★★

학명: *Agrypnus argillaceus*

똑딱 소리를 내며 튀어 오르다!

몸 전체가 빨간색
몸 전체가 빨간색이어서 녹색 나뭇잎에 앉으면 눈에 잘 띈다.

신기한 곤충 상식

튀어 올랐다가 몸을 뒤집으며 떨어진다!

몸이 납작하고 길쭉하게 생겼다. 야산이나 산에 가면 나무줄기나 나뭇잎에 앉아 있다. 방아벌레의 특징은 몸을 뒤집어 놓으면 조금 있다가 '똑딱' 하고 튀어 올랐다가 몸을 바로 뒤집으며 떨어진다. 그래서 지방에서는 '똑딱벌레'라고도 불리며 어린이들의 장난감이 되기도 한다. 아직 많은 연구가 필요한 곤충이다.

분류	방아벌레과
크기	16mm 내외
활동기	4~6월
탈바꿈	완전 탈바꿈
사는곳	산지

홍반디

딱정벌레목

학명: *Lycostomus modestus*

톱날 모양의 더듬이
주둥이는 길며, 더듬이는 편평하고 톱날 모양이다.

천적에게 악취가 나는 물을 뿜다!

▼ 비행 직전의 홍반디

신기한 곤충 상식

반딧불이와 닮았다!

나무가 우거진 산에 살며 주로 낮에 활동한다. 어른벌레는 반딧불이와 닮았지만 빛을 내는 기관이 없다. 보통 나뭇잎이나 꽃잎에 앉아 있는데, 천적이 나타나면 몸에서 악취가 나는 물을 뿜어 자신을 보호한다. 애벌레는 나무껍질이나 썩은 나무속에 살면서 다른 곤충의 애벌레를 잡아먹는다. 애벌레의 모습도 반딧불이 애벌레와 닮았다.

분류	홍반디과
크기	8~10mm
활동기	5~9월
탈바꿈	완전 탈바꿈
사는곳	산지

딱정벌레목

남생이무당벌레 ★★★★

학명: Aiolocaria hexaspilota

▲남생이무당벌레의 짝짓기

그물 모양의 줄과 무늬
주홍색 딱지날개에는 굵은 그물 모양의 검은색 줄과 무늬들이 있다.

우리나라의 무당벌레 중 가장 크다!

신기한 곤충 상식

어른벌레는 무리를 지어 겨울을 난다!

우리나라의 무당벌레 중 가장 크며, 어른벌레는 봄과 가을에 많이 보인다. 어른벌레와 애벌레 모두 진딧물보다는 호두나무잎벌레나 버들잎벌레의 애벌레를 잡아먹고 산다. 암컷은 애벌레의 먹이가 되는 나뭇잎에 알을 낳고, 알에서 나온 애벌레는 약 15일 후 번데기가 된다. 어른벌레는 무리를 지어 겨울을 난다.

분류	무당벌레과
크기	8~13mm
활동기	4~10월
탈바꿈	완전 탈바꿈
사는곳	들이나 야산, 개울 주변의 나무숲

딱정벌레목

칠성무당벌레 ★★★★★★★

학명: Coccinella septempunctata

7개의 검은색 점
양 날개가 만나는 선 양쪽에 걸쳐 1개,
좌우 대칭으로 3개씩,
총 7개의 검은색 점이 있다.

죽은 척을 해서 위험을 피하다!

신기한 곤충상식 — 진딧물을 잡아먹어 농사에 도움을 준다!

우리나라에서 쉽게 볼 수 있는 무당벌레이다. 주홍색 딱지날개에 검은색 점이 7개 있어서 '칠성무당벌레'라고 불린다. 어른벌레와 애벌레 모두 채소나 과일 등에 꼬이는 진딧물을 잡아먹어서 농사에 큰 도움을 준다. 어른벌레는 낙엽 속, 바위틈, 건물의 틈에서 무리 지어 겨울을 난다.

분류	무당벌레과
크기	5~8mm
활동기	3~11월
탈바꿈	완전 탈바꿈
사는곳	들과 야산의 풀밭 (진딧물이 있는 곳)

딱정벌레목

큰이십팔점박이무당벌레

학명: Henosepilachna vigintioctomaculata

채소 잎을 갉아먹는 해충!

검은색 점이 28개
딱지날개의 바탕은 적갈색이며, 검은색 점이 모두 28개 있다.

▼ 가지 밭의 큰이십팔점박이무당벌레

신기한 곤충 상식

어른벌레와 애벌레가 모두 해충이다!

　감자나 가지 밭에 가면 잎을 갉아 먹는 어른벌레를 쉽게 볼 수 있다. 딱지날개에 검은색 점이 28개 있어서 '큰이십팔점박이무당벌레'라고 불린다. 다른 무당벌레는 채소에 있는 진딧물을 잡아먹어 농사에 도움을 주지만, 이 무당벌레는 어른벌레와 애벌레가 모두 채소 잎을 갉아 먹는 해충이다. 어른벌레로 겨울을 난다.

분류	무당벌레과
크기	7~8mm
활동기	4~10월
탈바꿈	완전 탈바꿈
사는곳	채소밭(특히 감자나 가지 밭)

무당벌레

딱정벌레목

학명: **Harmonia axyridis**

날개의 색깔과 무늬가 제각각
같은 종류라도 날개의 색깔과 무늬가 모두 제각각이다.

악취가 나는 노란색 물을 뿜다!

신기한 곤충 상식

진딧물을 잡아먹는다!

우리나라의 무당벌레 중 가장 흔한 종류이다. 딱지날개의 색과 무늬 변이가 심해서 같은 종류의 무당벌레라도 날개의 색깔과 무늬가 제각각이다. 어른벌레와 애벌레 모두 진딧물을 잡아먹는데 새와 같은 천적을 만나면 몸에서 지독한 냄새가 나는 노란색 물을 뿜는다. 어른벌레는 10월 말이 되면 겨울잠을 자기 위해 무리 지어 모인다.

분류	무당벌레과
크기	5~8mm
활동기	3~11월
탈바꿈	완전 탈바꿈
사는곳	들이나 산의 진딧물이 있는 곳

무당벌레의 한살이

신기한 곤충상식

어른벌레는 1년에 4~5회 발생한다. 4~5월에 짝짓기를 마친 암컷은 진딧물이 많은 곳에 알을 낳는다. 한번에 30~40개 정도의 알을 낳는데, 알을 낳은 지 4~5일이 지나면 애벌레가 나온다. 애벌레는 진딧물을 먹고 자라며 약 15일 후에 번데기가 된다. 번데기는 약 7일 후에 어른벌레가 된다.

1 진딧물이 많은 곳에 알을 낳는다.

▲무당벌레의 알 낳기

2 4~5일 후 알에서 애벌레가 나온다.

▲알에서 깨어나는 1령 애벌레

3 진딧물을 먹고 자란다.

▲진딧물을 잡아먹는 무당벌레의 애벌레

4 번데기에서 약 7일 후 어른벌레가 된다.

▲번데기에서 태어나는 무당벌레

꽃벼룩

딱정벌레목

학명: **Mordella brachyura**

배 끝으로 갈수록 뾰족한 몸
전체적으로 몸은 검은색이며, 배 끝으로 갈수록 뾰족하다.

긴 뒷다리로 튀어 오르다!

신기한 곤충 상식

꽃가루를 먹고 산다!

전국에 분포되어 있는 흔한 종이지만, 몸이 아주 작기 때문에 자세히 관찰해야 한다. 어른벌레의 몸은 전체적으로 검고 광택이 나며, 배의 끝부분은 아주 뾰족하다. 어른벌레는 꽃가루를 먹고 살기 때문에 봄에 피는 개망초, 엉겅퀴, 찔레꽃 등에 모인다. 위험을 느끼면 긴 뒷다리로 벼룩처럼 톡 튀어 올라 도망간다. 애벌레로 겨울을 난다.

분류	꽃벼룩과
크기	5~7mm
활동기	4~6월
탈바꿈	완전 탈바꿈
사는곳	낮은 산지, 풀밭

먹가뢰

딱정벌레목

학명: *Epicauta chinensis*

평행한 딱지날개
기다란 딱지날개는 길고 양쪽이 거의 평행하다.

메뚜기의 알을 먹는 애벌레!

신기한 곤충상식

애벌레는 메뚜기 알 덩어리에 기생한다!

어른벌레는 산지의 풀밭에서 고삼, 갈퀴나물, 칡 등과 같은 콩과 식물의 꽃, 잎, 줄기를 갉아 먹는다. 짝짓기를 마친 암컷은 땅속에 1000여 개의 알을 낳는다. 알에서 나온 애벌레는 땅속에 있는 메뚜기 알 덩어리에 기생하여 알을 먹고 자란다. 예전에는 쉽게 볼 수 있었지만, 요즘에는 보기 힘들다.

분류	가뢰과
크기	14~20mm
활동기	5~6월
탈바꿈	완전 탈바꿈
사는곳	산지의 풀밭

늦반딧불이

딱정벌레목

학명: *Lychnuris rufa*

흑갈색 날개를 가진 수컷
수컷은 흑갈색의 날개가 있어 날 수 있고, 암컷은 날개가 퇴화되어 풀 줄기 위를 기어 다닌다.

우리나라의 반딧불이 중 **가장 크다!**

신기한 곤충 상식

애벌레도 꽁무니에서 불빛을 낸다!

우리나라의 반딧불이 중 가장 크며, 어른벌레는 해가 진 후 1시간 정도만 불빛을 반짝이며 날아다닌다. 수컷은 불빛을 내며 날아다니다가 풀숲에서 불빛을 내는 암컷에게 날아와 짝짓기를 한다. 암컷은 날개가 퇴화되어 날지 못한다. 애벌레도 꽁무니에서 불빛을 내며, 축축한 땅 위에서 달팽이를 잡아먹는다.

분류	반딧불이과
크기	15~18mm
활동기	8~9월
탈바꿈	완전 탈바꿈
사는곳	그늘진 풀숲, 산기슭 개울가 주변의 풀숲

▼늦반딧불이 수컷

▲땅에 낳은 늦반딧불이의 알

▲달팽이를 잡아먹는 늦반딧불이의 애벌레

▲꽁무니에서 빛을 내는 늦반딧불이의 번데기

▲늦반딧불이의 짝짓기

애반딧불이

딱정벌레목

학명: *Luciola lateralis*

불빛으로 교신
암수 모두 날 수 있으며, 짝짓기를 위하여 불빛으로 교신한다.

반짝반짝 밤하늘의 불꽃 요정!

배 꽁무니에서 불빛을 반짝인다!

애반딧불이는 초여름 밤에 나타나 배 꽁무니에서 불빛을 반짝인다. 수컷과 암컷은 불빛 신호로 만나 짝짓기를 하고, 암컷은 물가 이끼에 약 100개의 알을 낳는다. 알에서 나온 애벌레는 물속에서 물달팽이와 다슬기를 잡아먹는다. 반딧불이의 주요 서식지인 무주군 설천면 일대가 천연기념물 제322호로 지정되어 보호받고 있다.

분류	반딧불이과
크기	7~10mm
활동기	6~7월
탈바꿈	완전 탈바꿈
사는곳	논, 개울 등의 물가 주변

애반딧불이의 한살이

1 수컷과 암컷은 불빛 신호로 만나 짝짓기를 한다.

▲꽁무니의 발광부에서 빛을 내는 애반딧불이 수컷

2 암컷은 물가 이끼에 약 100개의 알을 낳는다.

▲이끼에 낳은 애반딧불이의 알

3 알에서 나온 애벌레는 물달팽이를 잡아먹는다.

▲물달팽이를 공격하는 애반딧불이의 애벌레

4 번데기는 10~15일 후 날개돋이를 한다.

▲꽁무니에서 빛을 내는 애반딧불이의 번데기

신기한 곤충 상식

어른벌레는 1년에 1번 발생한다. 알에서 나온 애벌레는 물달팽이와 다슬기를 잡아먹으며 자란다. 애벌레는 모두 4번의 허물벗기를 해서 5령 애벌레까지 자라며, 5령 애벌레로 겨울을 난다. 애벌레는 이듬해 늦은 봄에 땅 위로 올라와 흙으로 고치를 만들고, 그 속에서 번데기가 된다. 번데기는 10~15일이 지나면 날개돋이를 하여 어른벌레가 된다.

청가뢰

딱정벌레목

학명: Lytta caraganae

천적을 만나면 독을 내뿜다!

독성 물질 칸다리딘
온몸이 청록색이며, 몸 안에는 독성 물질인 칸다리딘이 있다.

신기한 곤충상식

몸속에 독성 물질이 있다!

온몸이 청록색으로 금속광택이 나는 화려한 곤충이다. 주로 개울가 습지 주변 풀밭에서 볼 수 있으며, 우리나라의 대표적인 독충이다. 어른벌레는 몸속에 '칸다리딘'이라는 독성 물질이 있어서 잘못 만지면 피부가 부어오른다. 새와 같은 천적을 만나면 독을 몸 밖으로 내뿜는데 옛날에는 이 독을 이용해 피부병을 치료했다.

분류	가뢰과
크기	20~22mm
활동기	5~6월
탈바꿈	완전 탈바꿈
사는곳	습지 주변의 풀밭

딱정벌레목

긴알락꽃하늘소 ★★★★

학명: *Leptura arcuata*

노란색 줄무늬가 있는 딱지날개
몸 빛깔은 검은색이고, 딱지날개에는 4개의 노란색 줄무늬가 있다.

다양한 꽃에 모이다!

신기한 곤충 상식

다른 하늘소에 비해 크기가 작다!

몸 빛깔은 검은색이고, 딱지날개에 노란 줄무늬가 있다. 봄과 여름 산에 핀 온갖 꽃에 날아와 꽃잎과 꽃술을 뜯어먹는다. 꽃하늘소 종류는 다른 하늘소에 비해 크기가 작고, 낮에 활동한다. 애벌레는 죽은 졸참나무나 두릅나무의 속을 파먹으며 산다. 어른벌레는 5월에 가장 많이 보이며, 애벌레로 겨울을 난다.

분 류	하늘소과
크 기	18~20mm
활동기	5~8월
탈바꿈	완전 탈바꿈
사는곳	활엽수림 주변

남색초원하늘소

딱정벌레목

학명: *Agapanthia pilicornis*

털 뭉치가 달린 더듬이!

더듬이는 몸길이의 1.5배
수컷의 더듬이는 몸길이의 1.5배나 된다.

▲ 짝짓기 중인 남색초원하늘소

신기한 곤충 상식

풀밭에 가면 쉽게 볼 수 있다!

전국에 분포되어 있으며, 풀밭에 가면 쉽게 볼 수 있다. 몸은 가늘고 긴 원통형이며, 몸 빛깔은 광택이 나는 청록색이다. 수컷의 더듬이는 몸길이보다 1.5배나 길다. 그리고 더듬이에는 검은색 털 뭉치가 띄엄띄엄 달려 있다. 어른벌레는 개망초, 엉겅퀴 등의 잎과 줄기를 갉아 먹는다. 애벌레는 개망초 줄기 속에서 겨울을 난다.

분류	하늘소과
크기	11~17mm
활동기	5~7월
탈바꿈	완전 탈바꿈
사는곳	들이나 야산의 풀밭

붉은산꽃하늘소 ★★★★

딱정벌레목

학명: *Corymbia rubra*

온몸에 난 황색의 털
온몸에 황색의 짧은 털이 있고, 더듬이는 몸길이보다 짧다.

나무를 파먹는 산림해충!

신기한 곤충상식

죽은 소나무에 알을 낳는다!

전국에 분포되어 있으며, 여름에 특히 많다. 어른벌레는 산에 핀 꽃에 날아와 꽃잎과 꽃가루를 먹는다. 짝짓기를 마친 암컷은 숲의 바닥에 쓰러져 있는 죽은 소나무에 알을 낳는다. 알에서 나온 애벌레는 죽은 소나무를 파먹으며 나무속에서 살아간다. 애벌레는 소나무, 오리나무, 참나무 등의 죽은 나무를 파먹고 사는 산림해충이다.

분 류	하늘소과
크 기	12~22mm
활동기	5~9월
탈바꿈	완전 탈바꿈
사는곳	산길 주변의 나무숲

모자주홍하늘소

딱정벌레목

학명: *Purpuricenus lituratus*

중절모자 무늬
딱지날개에 있는 중절모자 무늬 때문에 '모자주홍하늘소'라고 불린다.

딱지날개에 새겨진 중절모자 무늬!

신기한 곤충 상식

떡갈나무 잎을 즐겨 먹는다!

모자주홍하늘소는 이름에서 알 수 있는 것처럼 빨간 딱지날개에 중절모자 무늬가 새겨져 있다. 어른벌레는 5~6월에 참나무를 벌목한 지역에 가면 볼 수 있다. 어른벌레가 참나무를 자른 곳에서 나오는 새잎을 먹으러 오기 때문이다. 참나무 중 떡갈나무 잎을 즐겨 먹는다. 짝짓기를 마친 암컷은 떡갈나무 줄기에 알을 낳는다.

분류	하늘소과
크기	17~23mm
활동기	4~8월
탈바꿈	완전 탈바꿈
사는곳	산지, 참나무 벌목 지역

하늘소

딱정벌레목

학명: *Massicus raddei*

황갈색 잔털
온몸이 황갈색 잔털로 덮여 있으며 잔털이 빠지면 흑갈색을 띤다.

수컷의 더듬이는 몸길이의 2배!

신기한 곤충 상식

수컷의 더듬이는 매우 길다!

몸집이 큰 종류의 하늘소이며, 수컷의 더듬이는 매우 길어서 몸길이의 2배나 된다. 어른벌레는 참나무나 밤나무 숲에서 많이 보인다. 주로 여름밤에 활동하며, 불빛에도 날아온다. 짝짓기를 마친 암컷은 참나무 껍질을 물어뜯어 나무줄기 속에 알을 낳는다. 알에서 나온 애벌레는 나무속을 파먹는다.

분류	하늘소과
크기	34~57mm
활동기	6~8월
탈바꿈	완전 탈바꿈
사는곳	활엽수림

삼하늘소

딱정벌레목

학명: *Thyestilla gebleri*

흰색의 세로 줄무늬
딱지날개는 검은색이고, 가운데와 양옆에는 흰색의 세로 줄무늬가 있다.

삼벌레! 삼 줄기를 갉아 먹는

신기한 곤충상식

삼의 풀을 먹고 산다!

들이나 야산에서 삼의 풀을 먹고 사는 아주 작은 하늘소이다. 어른벌레는 주로 6월에 날아와 삼의 잎을 갉아 먹고, 애벌레는 삼의 줄기 속을 파먹으며 자란다. 옛날에는 시골 마을 밭에 삼을 많이 길렀지만, 요즘에는 잘 기르지 않는다. 결국 삼하늘소는 환경에 적응하기 위해 먹이식물을 바꿨다고 한다.

분 류	하늘소과
크 기	10~15mm
활동기	5~7월
탈바꿈	완전 탈바꿈
사는곳	들이나 야산의 풀

알락하늘소

딱정벌레목

학명: *Anoplophora malasiaca*

▼ 더듬이가 멋진 알락하늘소의 앞모습

나무를 죽게 만드는 무서운 해충!

몸보다 긴 더듬이
더듬이는 몸보다 길며, 더듬이 마디의 앞부분은 하얀색 털로 덮여 있다.

신기한 곤충 상식
버드나무 줄기 속에 알을 낳는다!

어른벌레는 버드나무, 오리나무, 단풍나무 등에 날아와 나무껍질을 먹는다. 대개 낮에 활동하지만 불빛에 모이기도 한다. 짝짓기를 마친 암컷은 버드나무 줄기를 물어뜯어 상처를 내고 그 속에 알을 낳는다. 애벌레는 나무를 파먹으며 나무속에서 살아간다. 애벌레와 어른벌레 모두 나무를 죽게 만드는 해충이다.

분류	하늘소과
크기	25~35mm
활동기	6~8월
탈바꿈	완전 탈바꿈
사는곳	낮은 지대의 버드나무, 단풍나무, 오리나무

참나무하늘소

딱정벌레목

학명: *Batocera lineolata*

졸참나무 숲에 사는 대형 하늘소!

삐죽한 주둥이
온몸에 누런 털이 나 있고, 주둥이는 삐죽하다.

▲비행 직전의 참나무하늘소

신기한 곤충 상식
어린 졸참나무 가지의 껍질을 갉아 먹는다!

해안을 낀 남쪽 지방의 졸참나무 숲에 사는 대형 하늘소로 '졸참나무하늘소'라고도 불린다. 어른벌레는 어린 졸참나무 가지의 껍질을 갉아 먹는다. 암컷은 졸참나무 줄기에 원 모양으로 상처를 내고, 그곳에 알을 1개씩 낳는다. 애벌레는 나무를 파먹으며 나무속에서 살아간다.

분류	하늘소과
크기	45~52mm
활동기	6~8월
탈바꿈	완전 탈바꿈
사는곳	해안 지대 주변의 졸참나무 산지

벚나무사향하늘소

딱정벌레목

학명: *Aromia bungii*

선홍색의 앞가슴
앞가슴은 선홍색으로 울퉁불퉁하다.

사향 냄새를 풍긴다! 손으로 만지면

신기한 곤충 상식

애벌레는 나무를 파먹으며 살아간다!

어른벌레는 벚나무 줄기의 구멍 속이나 나뭇진이 흐르는 곳에서 볼 수 있다. 암컷은 애벌레의 먹이식물인 벚나무, 복숭아나무, 살구나무, 자두나무의 줄기나 가지 틈에 알을 낳는다. 8~9일 후, 알에서 나온 애벌레는 나무를 파먹으며 나무속에서 살아간다. 어른벌레는 손으로 만지면 사향 냄새를 풍긴다. 애벌레로 겨울을 난다.

분류	하늘소과
크기	25~35m
활동기	6~8월
탈바꿈	완전 탈바꿈
사는곳	벚나무, 살구나무 등이 심어진 곳

흰염소하늘소

딱정벌레목

학명: *Olenecamptus subobliteratus*

흰염소처럼 몸이 하얗다!

검은색 점무늬
가늘고 긴 몸통은 흰 가루로 덮여 있고, 딱지날개에는 검은색 점무늬 2쌍이 있다.

딱지날개에 검은색 점무늬가 있다!

흰 염소처럼 몸통이 하얀 하늘소이다. 더듬이와 다리는 황갈색이고, 딱지날개에는 2쌍의 검은색 점무늬가 있다. 우리나라에는 4종의 염소하늘소류가 살고 있는데, 모두 흔하지 않다. 어른벌레는 주로 6월에 활동하며, 밤에 불빛에도 날아온다. 애벌레는 호두나무 속에서 나무를 파먹으며 겨울을 난다.

분류	하늘소과
크기	17~23mm
활동기	5~9월
탈바꿈	완전 탈바꿈
사는곳	산지나 평지의 숲

벌호랑하늘소

딱정벌레목

학명: *Crytoclytus capra*

노란색 털로 덮인 몸
몸은 원통형이며 노란색 털로 덮여 있다. 이 모습이 마치 땅벌과 비슷하다.

독침을 가진 **땅벌을 닮다!**

신기한 곤충 상식

벌을 닮아 적으로부터 보호한다!

검은색 몸통에 노란색 줄무늬가 땅벌을 닮은 하늘소이다. 독침을 가진 벌을 닮아 적으로부터 자신을 보호할 수 있다. 어른벌레는 5~8월 사이에 활동하는데, 6월에 가장 많다. 국수나무, 밤나무, 개망초 등의 꽃에 날아와 꽃가루를 먹는다. 애벌레는 호두나무, 버드나무, 오리나무 등의 고사목 줄기에서 발견된다.

분류	하늘소과
크기	8~19mm
활동기	5~8월
탈바꿈	완전 탈바꿈
사는곳	활엽수림

사시나무잎벌레

딱정벌레목

학명: Chrysomela populi

황갈색으로 변하는 딱지날개
딱지날개는 적갈색인데, 죽은 후에는 황갈색으로 변한다.

▲나뭇잎을 갉아 먹는 사시나무잎벌레

우윳빛 방어 물질을 내뿜다!

신기한 곤충 상식

봄이 오면 나뭇잎에 알을 낳는다!

봄부터 가을까지 볼 수 있지만 6월에 가장 많다. 어른벌레와 애벌레 모두 사시나무, 황철나무, 버드나무 잎을 갉아 먹는다. 어른벌레로 겨울을 나고, 암컷은 봄에 나뭇잎에 알을 낳는다. 6월쯤 알에서 나온 애벌레는 잎을 갉아 먹는다. 어른벌레와 애벌레 모두 몸을 건드리면 악취가 나는 우윳빛 물을 내뿜는다.

분류	잎벌레과
크기	10~12mm
활동기	4~9월
탈바꿈	완전 탈바꿈
사는곳	물가의 사시나무, 버드나무류

청줄보라잎벌레

딱정벌레목

학명: *Chrysolina virgata*

다양한 몸 빛깔
몸은 청색과 자주색을 띤다.
빛의 각도에 따라
다양한 빛깔로 보인다.

가장 큰 잎벌레!

빛의 각도에 따라 다양한 빛깔로 보인다!

우리나라의 잎벌레 중 가장 크다. 몸 빛깔은 청색과 자주색을 띠며 광택이 난다. 빛의 각도에 따라 여러 가지 빛깔로 보이는 화려한 곤충이다. 어른벌레는 봄부터 가을까지 보이지만 그중 6월에 가장 많다. 어른벌레는 층층이꽃, 들깨, 쉽싸리 등의 꿀풀과 식물을 갉아 먹는다.

분류	잎벌레과
크기	11~15mm
활동기	5~9월
탈바꿈	완전 탈바꿈
사는곳	물가의 갈대밭, 야산의 잡초밭

상아잎벌레

딱정벌레목

학명: *Gallerucida bifasciata*

노란색 물결 무늬가 3줄
딱지날개에는 노란색 물결 무늬가 3줄 있고, 더듬이는 톱날 모양이다.

톱날처럼 생긴 더듬이!

더듬이는 몸길이와 비슷하다!

몸은 까맣고, 딱지날개에 노란색 물결 무늬가 3줄 있다. 더듬이는 몸길이와 비슷할 정도로 길며, 톱날처럼 특이하게 생겼다. 어른벌레는 땅속이나 낙엽 밑에서 겨울잠을 자다가 4월부터 활동을 시작하는데 6월에 가장 많이 보인다. 어른벌레와 애벌레 모두 호장근, 며느리배꼽, 참소리쟁이 등의 잎을 먹는다.

분류	잎벌레과
크기	7~10mm
활동기	4~8월
탈바꿈	완전 탈바꿈
사는곳	강변의 풀밭, 산기슭 주변

큰남생이잎벌레

딱정벌레목

학명: *Thlaspida cribrosa*

투명한 플라스틱 갑옷을 입다!

딱지날개에 가려진 3쌍의 다리
3쌍의 다리는 딱지날개에 가려져 잘 보이지 않지만 뒤집으면 보인다.

신기한 곤충 상식

위험을 느끼면 죽은 척한다!

우리나라의 남생이잎벌레류 중 가장 크기가 큰 종이다. 어른벌레는 투명한 플라스틱 갑옷을 입은 듯 특이한 모습을 하고 있다. 특히 애벌레는 천적을 피하기 위해 등에 배설물을 달고 다니는데, 어른벌레도 위험을 느끼면 잎에서 떨어져 죽은 척한다. 어른벌레는 작살나무 잎을 갉아 먹는다.

분류	잎벌레과
크기	7~8mm
활동기	5~7월
탈바꿈	완전 탈바꿈
사는곳	산지의 풀밭, 활엽수림 주변

도토리거위벌레

딱정벌레목

학명: *Mecorhis ursulus*

▼알을 낳기 위해 도토리에 구멍을 뚫는 도토리거위벌레

날개 길이만 한 주둥이
날개 길이와 맞먹는 기다란 주둥이를 가지고 있다.

신기한 곤충상식

도토리 속에 알을 낳는다!

어른벌레는 참나무 위에서 도토리를 갉아 먹으며 생활한다. 짝짓기를 마친 암컷은 주둥이로 도토리에 구멍을 뚫고 그 속에 알을 낳는다. 그리고 알을 낳은 도토리 가지를 주둥이로 잘라서 땅에 떨어뜨린다. 5~8일 후 알에서 나온 애벌레는 도토리 속을 파먹는데, 약 20일 후 도토리를 나와 땅속에 흙집을 짓고 겨울을 난다.

분류	거위벌레과
크기	7~11mm
활동기	6~9월
탈바꿈	완전 탈바꿈
사는곳	산 가장자리에 있는 참나무

나뭇가지를 **싹둑싹둑!** 기다란 주둥이로

▲ 뚫은 구멍에 배 끝을 꽂고 알을 낳는 암컷

▲ 힘을 합쳐 가지를 자르는 암컷과 수컷

▲ 도토리 속에 낳은 도토리거위벌레의 알

왕거위벌레

딱정벌레목

학명: *Paracycnotrachelus longiceps*

목이 긴 거위벌레
거위처럼 목이 길어 '거위벌레'라고 불린다.

길쭉한 목이 거위를 닮다!

신기한 곤충 상식

암컷은 애벌레가 자라날 요람을 만든다!

거위벌레 중 크기가 큰 편이다. 짝짓기를 마친 암컷은 갈참나무, 떡갈나무의 잎을 잘라 애벌레가 자라날 요람을 만든다. 암컷은 큰턱으로 잎을 자르고, 다리로 돌돌 말아서 그 속에 알을 낳는다. 알에서 나온 애벌레는 말아 놓은 나뭇잎 뭉치 속에서 잎을 갉아 먹으며 자라나 번데기를 거쳐 어른벌레가 된다.

분류	거위벌레과
크기	수컷 9~11m 암컷 7~8mm
활동기	5~8월
탈바꿈	완전 탈바꿈
사는곳	산이나 야산의 활엽수 지대

딱정벌레목

단풍뿔거위벌레 ★★★★★

학명: *Byctiscus venustus*

광택이 강한 녹색
등 쪽은 광택이 강한 녹색이며 몸의 아랫면은 푸른빛을 띤다.

요람을 만드는 숲 속 재단사!

신기한 곤충 상식

단풍나무 잎을 엮어서 요람을 만든다!

몸 빛깔은 전체적으로 광택이 강한 녹색이지만 약간의 붉은 빛깔도 띠고 있다. 수컷의 더듬이는 주둥이 가운데 있고, 암컷의 더듬이는 주둥이 가운데 바로 뒤에 있다. 짝짓기를 마친 암컷은 단풍나무 잎을 4~5개 엮어서 애벌레가 자라날 요람을 만든 후에, 그 속에 알을 1개 낳는다.

분류	거위벌레과
크기	5~9mm
활동기	5~6월
탈바꿈	완전 탈바꿈
사는곳	산지의 단풍나무

밤바구미

딱정벌레목

학명: *Curculio sikkimensis*

긴 주둥이로 밤송이 껍질을 뚫다!

빽빽하게 난 회황색 비늘털
몸과 딱지날개에는 회황색 비늘털이 빽빽하게 나 있다.

▼밤송이에 알을 낳으러 온 밤바구미

신기한 곤충 상식

밤송이 껍질 속에 알을 낳다!

밤나무의 해충으로 암컷은 약 5mm나 되는 긴 주둥이로 밤송이 껍질 속까지 뚫어 그 속에 알을 낳는다. 약 12일 후 알에서 나온 애벌레는 밤을 파먹으며 자라는데, 다 자란 애벌레는 9월 하순부터 밤 껍질의 구멍을 뚫고 밖으로 나온다. 그리고 땅속으로 들어가 흙집을 짓고 겨울을 난다.

분류	바구미과
크기	6~10mm
활동기	8~10월
탈바꿈	완전 탈바꿈
사는곳	밤나무

배자바구미

딱정벌레목

학명: *Sternuchopsis trifidus*

곰보 모양의 점각
딱지날개의 윗면에는 크고 깊은 곰보 모양의 점각이 줄을 이룬다.

▲새똥처럼 생긴 배자바구미

검은색과 흰색 무늬가 새똥을 닮다!

신기한 곤충 상식

새똥을 닮아 천적의 눈을 속인다!

어른벌레는 산에 있는 칡덩굴에서 볼 수 있는데, 6월에 가장 많다. 주로 칡 잎에 잘 앉아 있는데, 생김새가 마치 새똥 같아서 천적의 눈을 속일 수 있다. 짝짓기를 마친 암컷은 긴 주둥이로 칡 줄기에 구멍을 뚫고 그 속에 알을 낳는다. 알에서 나온 애벌레는 줄기 속을 파먹으며 번데기가 된다.

분 류	바구미과
크 기	9~10mm
활동기	4~9월
탈바꿈	완전 탈바꿈
사는곳	산의 칡덩굴

혹바구미

딱정벌레목

학명: *Episomus turritus*

Y자 모양의 주둥이
주둥이의 끝은 Y자 모양으로 갈라졌고, 그 양쪽에 날카로운 큰턱이 있다.

▶짝짓기 하는 혹바구미

혹이 난 것처럼 울퉁불퉁!

신기한 곤충상식

위험을 느끼면 죽은 척한다!

'혹바구미'라는 이름처럼 몸이 울퉁불퉁하다. 주둥이의 끝은 Y자 모양으로 갈라졌고, 그 양쪽에 날카로운 큰턱이 있다. 어른벌레는 큰턱으로 싸리나무, 아카시아, 칡과 같은 콩과 식물의 잎을 갉아 먹는다. 어른벌레는 위험을 느끼면 잎에서 땅으로 툭 떨어져 죽은 척하는 습성이 있다. 애벌레는 땅속에서 뿌리를 갉아 먹으며 자란다.

분류	바구미과
크기	15~17mm
활동기	5~10월
탈바꿈	완전 탈바꿈
사는곳	아카시아, 칡과 같은 콩과 식물 잎

검은물잠자리

잠자리목

학명: *Calopteryx atrata*

▶ 검은물잠자리 수컷

별명은 **귀신잠자리!**

타원형 모양의 검은색 날개
수컷의 몸은 금속광택이 나는 짙은 녹색이며, 날개는 검은색에 타원형 모양이다.

신기한 곤충 상식

물속 풀 줄기에 알을 낳는다!

온몸은 금속광택이 나는 짙은 녹색이며, 물살이 느리고 물풀이 많은 개울에서 천천히 날아다닌다. 수컷은 물풀 잎 위에 앉아 날개를 접었다 폈다 하는데, 다른 수컷이 자기 구역에 들어오는 것을 경계하는 것이다. 암컷은 짝짓기를 마치면 꽁무니를 물에 담그고 물속 풀 줄기에 알을 낳는다. 애벌레로 물속에서 겨울을 난다.

분류	물잠자리과
크기	60~62mm
활동기	5~9월
탈바꿈	불완전 탈바꿈
사는곳	개울 근처

아시아실잠자리

잠자리목

학명: *Ischnura asiatica*

▼아시아실잠자리의 짝짓기

▲아시아실잠자리 암컷

몸이 실처럼 가는 실잠자리!

색이 변하는 암컷의 몸
날개돋이를 마친 암컷의 몸은 붉은색이지만, 크면서 녹색으로 바뀐다.

신기한 곤충 상식

우리나라 어디에서나 볼 수 있다!

우리나라 어디에서나 볼 수 있는 실잠자리로, 연못이나 개울에 있는 물풀 사이를 천천히 날아다닌다. 막 날개돋이를 마친 암컷은 몸이 붉은색인데, 크면서 몸이 녹색으로 바뀐다. 짝짓기를 마친 암컷은 물속에 있는 물풀 줄기에 알을 낳는다. 약 2주 후 알에서 나온 애벌레는 물속에서 살다가, 이듬해 봄에 물 밖을 나와 어른벌레가 된다.

분류	실잠자리과
크기	24~30mm
활동기	4~10월
탈바꿈	불완전 탈바꿈
사는곳	연못, 늪, 개울

노란실잠자리

잠자리목

학명: *Ceriagrion melanurum*

변하는 암수의 색깔
성숙하면 수컷의 가슴은 녹색으로, 암컷의 몸은 진한 녹색으로 바뀐다.

▲암수가 연결된 채 물풀 줄기에 알을 낳는 노란실잠자리

◀노란실잠자리 수컷

수컷은 주위를 살펴 암컷을 지키다!

신기한 곤충상식

수컷과 연결된 채로 물풀 줄기에 알을 낳는다!

전국 어디에서나 볼 수 있으며, 물풀이 많은 연못에서 산다. 머리와 가슴은 연한 녹색이고, 배 부분은 노란색이다. 암컷은 성숙하면서 몸이 진한 녹색으로 바뀐다. 짝짓기를 마친 암컷은 수컷과 떨어지지 않고 연결된 채로 물속 물풀 줄기에 알을 낳는다. 이때 수컷의 역할은 주위를 살펴 암컷을 지키는 일이다.

분류	실잠자리과
크기	38~42mm
활동기	6~9월
탈바꿈	불완전 탈바꿈
사는곳	연못, 습지, 휴경논

연분홍실잠자리

학명: Ceriagrion nipponicum

붉은색으로 변하는 겹눈
머리에 있는 겹눈은 연한 연두색에서 성숙하면 붉은색으로 변한다.

기후변화 지표종으로 지정되다!

연못의 물풀 사이를 날아다닌다!

머리에 있는 겹눈은 연한 연두색이었다가 성숙하면 붉은색으로 변한다. 수컷은 가슴과 배가 빨갛고, 암컷은 배 부분이 연한 갈색이다. 연못의 물풀 사이를 날아다니는 예쁜 실잠자리이다. 예전에는 따뜻한 남부지방에서만 볼 수 있었으나, 지금은 기후변화로 중부지방에서도 볼 수 있게 되었다. 환경부가 지정한 기후변화 지표종이다.

분류	실잠자리과
크기	36~38mm
활동기	6~9월
탈바꿈	불완전 탈바꿈
사는곳	연못, 물웅덩이

묵은실잠자리

잠자리목

학명: *Sympecma paedisca*

어른벌레로 겨울잠을 자다!

암수의 빛깔과 무늬가 동일

몸은 연한 갈색이고, 진한 갈색 반점이 있다. 암수의 빛깔과 무늬가 거의 같다.

신기한 곤충상식

물풀 줄기에 알을 낳는다!

잠자리는 물속에서 애벌레로 겨울을 나지만, 묵은실잠자리는 어른벌레로 겨울을 난다. 겨울잠에서 깨어난 어른벌레는 4월경부터 짝짓기와 알 낳기를 시작한다. 짝짓기를 마친 암컷은 물풀 줄기에 알을 낳는다. 약 2주일 후 알에서 나온 애벌레는 40~50일 정도 자란 후 물 밖으로 나와 날개돋이를 하여 어른벌레가 된다.

분류	청실잠자리과
크기	34~38mm
활동기	1~12월
탈바꿈	불완전 탈바꿈
사는곳	연못, 습지

긴무늬왕잠자리

잠자리목

학명: *Aeschnophlebia longistigma*

▼ 긴무늬왕잠자리 암컷

부지런한 아침형 잠자리!

검은색 줄무늬
암컷의 배는 황록색이며, 배 위쪽에 검은색 줄무늬가 2줄 있다.

이른 아침과 저녁에 사냥을 한다!

부들이나 갈대 같은 수생 식물이 많은 연못이나 습지에 산다. 어른벌레는 오전 8시경부터 갈대 사이를 날아다니며 먹이 사냥을 하다 오전 10시 이후에는 갈대 줄기 아랫부분에 앉아 휴식을 취한다. 그리고 저녁 무렵 다시 한번 먹이 사냥을 하는데, 주로 갈대숲 사이를 날아다니기 때문에 눈에 잘 띄지 않는다.

분류	왕잠자리과
크기	62~68mm
활동기	5~8월
탈바꿈	불완전 탈바꿈
사는곳	연못, 습지

어리장수잠자리

잠자리목

학명: *Sieboldius albardae*

몸통에 비해 작은 머리
장수잠자리를 닮았지만 크기가 작고, 몸통에 비해 머리가 유난히 작다.

포식성이 강한 대형 잠자리!

신기한 곤충상식
어른벌레는 일반 곤충들을 잡아먹는다!

측범잠자리과에 속하는 잠자리 중 가장 크다. 크기가 약 80mm로 어른벌레는 포식성이 강해서 나비, 나방 등 일반 곤충들을 잡아먹는다. 낙엽처럼 생긴 애벌레는 물 흐름이 완만한 곳에 사는데, 주로 물속에 있는 부식 물질 속에서 발견된다. 어른벌레는 2년에 1회 발생한다.

분류	측범잠자리과
크기	74~80mm
활동기	5~8월
탈바꿈	불완전 탈바꿈
사는곳	야산이나 산기슭 근처의 하천

잠자리목

왕잠자리

학명: *Anax parthenope*

공중에서 먹이를 잡는 **무서운 사냥꾼!**

황색의 사각형 무늬
배는 갈색이며, 황색의 사각형 무늬가 있다.

신기한 곤충상식
다른 잠자리에 비해 날개와 몸집이 크다!

전국 대부분의 연못이나 저수지에서 볼 수 있다. 다른 잠자리에 비해 날개와 몸집이 크고 빠르게 날아다닌다. 어른벌레는 사냥 실력이 뛰어나서 공중에 날아다니는 하루살이, 모기, 파리 등의 날벌레들을 잘 잡아먹는다. 짝짓기를 마친 암컷은 수컷과 연결된 채로 꽁무니를 물속에 넣고 물풀 줄기 속에 알을 낳는다.

분 류	왕잠자리과
크 기	64~70mm
활동기	5~10월
탈바꿈	불완전 탈바꿈
사는곳	연못, 저수지

왕잠자리의 한살이

애벌레는 약 2주 후에 알에서 나온다. 그리고 여러 번 허물을 벗으며 자라는데, 물속에서 올챙이나 작은 물고기를 잡아먹는다. 애벌레로 겨울을 난 후, 이듬해 봄에 물 밖으로 나와 날개돋이를 하여 어른벌레가 된다. 어른벌레는 1년에 1~2회 발생한다.

1 암수가 연결된 채 알을 낳는다.

▲산란관을 물풀 줄기에 꽂고 알을 낳는 왕잠자리 암컷(뒤쪽이 암컷)

2 애벌레는 작은 물고기를 잡아먹는다.

▲물속에서 작은 물고기를 잡아먹는 애벌레

3 물 밖으로 나와 날개돋이를 한다.

▲날개돋이를 하기 위해 애벌레에서 빠져나오는 왕잠자리

4 날개돋이를 마치고 어른벌레가 된다.

▲날개돋이를 마친 왕잠자리

잠자리목

밀잠자리 ★★★★★★★★★★★ ★

학명: Orthetrum albistylum

▼밀잠자리 암컷

▲밀잠자리 수컷

배 꽁무니로 물을 탁탁!

암수의 색깔 변화
성숙할수록 수컷은 검은색이 진해지고, 암컷은 녹색을 띤 진한 황갈색으로 변한다.

신기한 곤충상식
수컷은 알 낳는 암컷을 보호한다!

주로 연못이나 저수지처럼 고여 있는 물 근처에 살지만 산이나 들판, 마을로 날아와 살기도 한다. 짝짓기를 마친 암컷은 물가로 날아와 배 꽁무니로 물을 탁탁 치면서 물속에 알을 낳는다. 이때 수컷은 알 낳는 암컷 위를 날면서 암컷을 보호한다. 애벌레는 냄새가 심한 물속에서도 살 정도로 적응력이 뛰어나다.

분 류	잠자리과
크 기	48~54mm
활동기	4~10월
탈바꿈	불완전 탈바꿈
사는곳	연못, 저수지, 논, 습지

고추잠자리

잠자리목

학명: *Crocothemis servilia*

암수의 몸 색깔
성숙한 수컷은 몸 전체가 빨갛고, 성숙한 암컷은 밝은 황갈색이다.

빨간 고추처럼 온몸이 빨갛다!

◀ 고추잠자리 수컷

신기한 곤충상식

배 꽁무니로 물을 치면서 알을 낳는다!

물풀이 많은 연못이나 저수지에서 볼 수 있다. 잘 익은 고추처럼 온몸이 빨개서 이름 지어졌다. 수컷은 온몸이 빨갛고 암컷은 밝은 황갈색이다. 어른벌레는 나뭇가지 끝이나 풀잎 위에 앉아 있다 공중으로 날아올라 다시 제자리에 앉는 습성이 있다. 암컷은 배 꽁무니로 물을 탁탁 치면서 물속에 알을 낳는다.

분류	잠자리과
크기	44~48mm
활동기	5~9월
탈바꿈	불완전 탈바꿈
사는곳	연못, 저수지

된장잠자리

잠자리목

학명: *Pantala flavescens*

큰 날개와 가벼운 몸
몸에 비해 큰 날개와 가벼운 몸 덕분에 장거리 비행이 가능하다.

멀리 열대지방에서 바다를 건너오다!

온몸이 된장처럼 누렇다!

온몸이 된장처럼 누레서 '된장잠자리'라고 불린다. 장마가 끝날 무렵 들과 산에서 무리 지어 날아다니는 어른벌레의 모습을 볼 수 있는데, 멀리 남쪽지방에서 바다를 건너 우리나라에 날아오는 된장잠자리이다. 알에서 어른벌레가 되기까지의 기간이 약 40일로 매우 짧다. 알, 애벌레, 어른벌레 모두 추위에 약하다.

분류	잠자리과
크기	37~42mm
활동기	4~10월
탈바꿈	불완전 탈바꿈
사는곳	연못, 저수지, 하천, 습지

신기한 곤충상식

나비잠자리

잠자리목

학명: *Rhyothemis fuliginosa*

나비를 닮은 뒷날개
뒷날개의 폭이 넓어 마치 나비처럼 보여서 '나비잠자리'라고 불린다.

수컷들의 치열한 **텃세 싸움!**

▼ 나비처럼 생긴 잠자리

신기한 곤충상식

날아다니는 모습이 나비처럼 보인다!

물풀이 많은 연못에서 푸른빛을 띤 남색 날개를 반짝이며 날아다니는 모습을 볼 수 있다. 폭이 넓은 날개를 나풀거리는 모습이 마치 나비처럼 보인다. 그러나 생김새와 다르게 수컷들의 텃세 싸움은 치열하다. 수컷은 다른 수컷이 자기 영역에 들어오면 날개를 부딪치며 격렬하게 싸움을 벌이는데, 이로 인해 날개가 찢어지기도 한다.

분류	잠자리과
크기	34~38mm
활동기	6~9월
탈바꿈	불완전 탈바꿈
사는곳	연못

꼬마잠자리

잠자리목

학명: *Nannophya pygmaea*

세계에서 가장 작은 잠자리!

▼ 꼬마잠자리 수컷

진한 빨간색의 수컷
수컷은 몸이 진한 빨간색이고, 암컷은 배마디에 황색의 띠무늬가 있다.

▼ 꼬마잠자리 암컷

신기한 곤충상식
멸종위기 야생생물로 분류되었다!

세계에서 가장 작은 잠자리이다. 골풀과 같은 작은 풀들이 자라는 얕은 습지에 산다. 온몸이 빨간 수컷은 높은 풀 위에 앉아 1m 정도의 자기 영역을 확보한 뒤, 다른 수컷이 침범하지 못하도록 경계 활동을 한다. 환경부 지정 멸종위기 야생생물로 분류되어 보호를 받고 있다. 애벌레로 겨울을 난다.

분류	잠자리과
크기	17~18mm
활동기	5~8월
탈바꿈	불완전 탈바꿈
사는곳	물이 있는 휴경논, 습지

잠자리목

대모잠자리

학명: Libellula angelina

온몸을 덮은 짧은 잔털
황갈색의 짧은 잔털이 온몸을 촘촘히 덮고 있다.

날개 무늬가 대모거북의 등딱지를 닮다!

신기한 곤충 상식

갈대가 우거진 연못이나 습지에 산다!

날개 무늬가 바다거북과 동물인 대모거북의 등 무늬를 닮아서 '대모잠자리'라고 불린다. 갈대가 우거진 오래된 연못이나 습지에서 산다. 짝짓기를 마친 암컷은 수컷의 경호를 받으며 배 끝으로 물을 탁탁 치면서 물속에 알을 떨어뜨린다. 환경부가 지정한 멸종위기 야생생물로 분류되어 보호를 받고 있다.

분류	잠자리과
크기	38~43mm
활동기	4~6월
탈바꿈	불완전 탈바꿈
사는곳	식물 퇴적층이 많이 쌓인 연못

고추좀잠자리

잠자리목

학명: Sympetrum depressiusculum

성숙한 수컷의 색깔
완전히 성숙한 수컷은 가슴과 머리가 적갈색, 배는 붉은색으로 변한다.

기온이 높아지면 산으로 이동한다!

▲고추좀잠자리 수컷

신기한 곤충상식
가을이 되면 평지로 내려온다!

전국 대부분 지역에서 볼 수 있다. 6월 중 날개돋이를 한 어른벌레는 한여름 기온이 30도를 넘으면 활동하지 못하고 죽기 때문에 서늘한 산으로 이동하여 산다. 산속에서 하루살이, 모기 등 작은 곤충들을 잡아먹으며 살다 가을이 되면 다시 평지로 내려와 짝짓기와 알 낳기를 한다.

분류	잠자리과
크기	35~40mm
활동기	6~11월
탈바꿈	불완전 탈바꿈
사는곳	연못, 저수지, 논, 습지

좀사마귀

사마귀목

학명: *Statilia maculata*

▲ 좀사마귀의 공격 자세

흑갈색 점무늬
몸은 갈색이며, 몸 전체에 흑갈색 점무늬가 있다.

앞다리의 무늬로 적을 경계하다!

신기한 곤충상식

나뭇가지에서 작은 곤충을 잡아먹는다!

몸은 갈색이며, 전체적으로 흑갈색 점무늬가 있다. 또 앞다리 안쪽에 붉은색과 흰색 무늬가 있는데, 적을 위협할 때는 이 무늬를 내보이며 경계 신호를 보낸다. 땅에서 가까운 풀이나 작은 나뭇가지에 살며 작은 곤충을 잡아먹는다. 짝짓기를 마친 암컷은 식물의 줄기나 바위틈에 알을 낳는다. 알집 속에서 알로 겨울을 난다.

분 류	사마귀과
크 기	45~65mm
활동기	8~11월
탈바꿈	불완전 탈바꿈
사는곳	들판, 숲의 덤불

사마귀목

왕사마귀

학명: Tenodera sinensis

낫 모양의 앞다리를 가진 **숲의 무법자!**

사마귀와의 구별법
사마귀와 가장 다른 점은 뒷날개에 갈색 무늬가 있다는 것이다.

신기한 곤충상식
배 끝에서 흰 거품을 내어 알집을 만든다!

풀숲에 사는 왕사마귀는 낫처럼 생긴 앞다리를 무기 삼아 주변의 곤충들을 잡아먹는다. 애벌레 시기에는 진딧물이나 개미 같은 작은 곤충을 잡아먹다가 자라면서 힘이 강해져 메뚜기, 나비, 잠자리 같은 큰 곤충을 잡아먹는다. 가을에 짝짓기를 마친 암컷은 배 끝에서 흰 거품을 내어 알집을 만들고, 그 속에 알을 낳는다.

분류	사마귀과
크기	70~90mm
활동기	8~10월
탈바꿈	불완전 탈바꿈
사는곳	풀숲, 들판

왕사마귀의 한살이

1 낫처럼 생긴 앞다리로 곤충들을 잡아먹는다.

▲ 왕사마귀의 공격 자세

곤충상식

알집 속에서 알로 겨울을 나고, 5월에 알집에서 애벌레가 나온다. 애벌레는 크기가 작고, 날개만 없을 뿐 어른벌레와 매우 닮았다. 왕사마귀는 불완전 탈바꿈을 하는 곤충이라 번데기를 거치지 않고 애벌레에서 바로 어른벌레가 된다. 다 자란 애벌레는 8월경 날개돋이를 하여 어른벌레가 된다. 가을에 짝짓기를 마친 수컷은 먼저 모습을 감추고, 암컷은 늦가을에 알을 낳은 뒤 죽는다.

2 짝짓기를 마친 수컷은 먼저 모습을 감춘다.

▲ 왕사마귀의 짝짓기

3 애벌레 시기에는 작은 곤충을 잡아먹는다.

▲ 호랑나비 애벌레를 잡아먹는 왕사마귀의 애벌레

4 왕사마귀는 불완전 탈바꿈을 한다.

▲ 허물을 벗으며 자라는 왕사마귀의 애벌레

여치

메뚜기목

학명: Gampsocleis sedakovii obscura

다리에 난 날카로운 가시
앞다리와 가운뎃다리에 난 날카로운 가시로 작은 곤충이나 벌레를 잡아먹는다.

가시 달린 다리는 **강력한 무기!**

▼ 꽁무니에 산란관이 달린 여치 암컷

신기한 곤충상식 — 수컷은 양쪽 날개를 비벼 소리를 낸다!

여름철 풀숲에서 '찌르르 찌르르' 하는 여치의 울음소리가 우렁차다. 수컷은 왼쪽 날개와 오른쪽 날개를 서로 비벼서 소리를 내는데, 이 울음소리를 듣고 암컷이 찾아와 짝짓기를 한다. 암컷은 배 끝에 달린 튼튼한 산란관을 땅속에 꽂고 알을 낳는다. 애벌레는 풀이나 꽃가루를 먹다가 어른벌레가 되면 작은 곤충도 잡아먹는다.

분류	여치과
크기	33~45mm
활동기	7~8월
탈바꿈	불완전 탈바꿈
사는곳	들이나 야산의 풀숲, 산길 주변의 풀숲

검은다리실베짱이

메뚜기목

학명: *Phaneroptera nigroantennata*

▲ 꽃가루를 먹으러 온 검은다리실베짱이

검은색 뒷다리
실베짱이와 매우 닮았고, 뒷다리가 검은색이라 '검은다리실베짱이'라고 불린다.

날개를 비벼서 밤낮으로 울다!

신기한 곤충상식

실베짱이와 매우 닮았다!

키가 큰 풀이나 나뭇잎에 앉아 있는 모습이 자주 눈에 띄며, 풀잎과 꽃가루를 먹고 산다. 실베짱이와 매우 닮았고, 뒷다리가 까매서 '검은다리실베짱이'라고 불린다. 주로 낮에 활동하지만, 수컷은 날개를 비벼서 밤낮으로 울어 댄다. 어른벌레는 1년에 2회 발생하는데, 온도가 낮은 지역이나 높은 산에서는 1회 발생한다.

분류	여치과
크기	28~35mm
활동기	6~11월
탈바꿈	불완전 탈바꿈
사는곳	들과 야산의 풀밭

날베짱이

메뚜기목

학명: *Holochlora longifissa*

넓은 울음판으로 **암컷을 부르다!**

적갈색 앞다리
몸 빛깔은 녹색이며, 앞다리의 넓적다리마디는 적갈색을 띤다.

신기한 곤충상식

풀숲을 날아다니며 작은 곤충을 잡아먹는다!

전국에 분포되어 있으며 주로 밤에 활동한다. 수컷의 울음소리가 베틀에서 베를 짜는 소리와 비슷하다고 하여 '베짱이'라는 이름이 붙었다. 수컷은 날개 앞쪽에 있는 넓은 울음판을 이용하여 소리를 내어 암컷을 부른다. 어른벌레는 풀숲을 날아다니면서 작은 곤충을 잡아먹는다. 천적으로는 새, 거미, 사마귀 등이 있다.

분류	여치과
크기	30~36mm
활동기	9~10월
탈바꿈	불완전 탈바꿈
사는곳	산과 들의 풀밭

쌕쌔기

메뚜기목

학명: *Conocephalus chinensis*

붉고 긴 더듬이
머리는 삼각형 모양으로 튀어나왔다. 더듬이는 길고, 붉은색이다.

▶ 날개를 서로 비벼서 울고 있는 쌕쌔기

풀밭에서 노래하는 **쌕쌔기 합창단!**

신기한 곤충상식

수컷의 울음소리에 암컷이 찾아온다!

산과 들의 풀밭에서도 살지만 주로 개울 근처의 풀밭에 산다. 초식성으로 보통 벼과 식물을 먹는다. 수컷은 날개를 서로 비벼서 '쌕쌔기 쌕쌔기' 하고 우는데, 이 소리에 암컷이 와서 짝짓기를 한다. 어른벌레는 평지에서는 초여름과 가을에 2회 발생하고, 산지에서는 여름에 1회 발생한다.

분류	여치과
크기	15~20mm
활동기	6~10월
탈바꿈	불완전 탈바꿈
사는곳	야산이나 강변의 풀밭

긴꼬리

메뚜기목

학명: *Oecanthus indicus*

아름다운 울음소리!

▼긴꼬리의 우는 모습

▲산란관이 긴 암컷

90도 세운 앞날개
앞날개를 90도 가까이 세우고 양쪽 날개를 비벼서 운다.

신기한 곤충상식

양쪽 날개를 비벼서 소리를 낸다!

짝짓기 철이 오면, 수컷은 나뭇잎 뒷면에 앉아 연속음을 내어 암컷을 부른다. 앞날개를 90도 가까이 세우고 양쪽 날개를 비벼서 소리를 내는데, 울음소리가 매우 아름답다. 짝짓기를 마친 암컷은 쑥, 칡, 싸리나무 줄기에 산란관을 꽂고 알을 낳는다. 어른벌레는 1년에 1회 발생한다. 울음소리가 아름다워 소리를 듣기 위해 기르기도 한다.

분류	긴꼬리과
크기	12~16mm
활동기	8~10월
탈바꿈	불완전 탈바꿈
사는곳	들과 야산의 풀밭

왕귀뚜라미

메뚜기목

학명: Teleogryllus emma

앞다리에 있는 **청각기관!**

▲ 왕귀뚜라미의 애벌레

가늘고 긴 더듬이
더듬이는 가늘고 길어서 실처럼 보인다.

가을을 대표하는 곤충이다!

가을을 상징하는 곤충인 왕귀뚜라미는 집 주변이나 풀밭, 정원 등 어디에서나 산다. 땅바닥을 기어 다니며 풀이나 죽은 벌레를 먹으며 산다. 수컷은 땅에 구멍을 파서 집을 만든 후 낮에는 입구를 지키고, 밤에는 아름다운 소리를 내어 암컷을 유인하여 짝짓기를 한다. 짝짓기를 마친 암컷은 10월경 땅속에 알을 낳고, 알로 겨울을 난다.

분류	귀뚜라미과
크기	20~26mm
활동기	8~11월
탈바꿈	불완전 탈바꿈
사는곳	밭, 들, 풀밭

135

메뚜기목

땅강아지 ★★★★★★★★★★★ ★

학명: *Gryllotalpa orientalis*

강하고 넓적한 앞다리
앞다리는 두더지처럼 땅을 파는 데 알맞도록 강하고 넓적하다.

두더지처럼 땅속에 **굴을 파다!**

신기한 곤충 상식

주로 땅굴에서 생활한다!

땅강아지는 갈퀴처럼 생긴 넓적한 앞다리로 땅속에서 굴을 파고 다닌다. 애벌레와 어른벌레 모두 땅속에서 굴을 파고 다니며 고추, 감자, 옥수수, 배추, 인삼 뿌리를 갉아 먹는 해충이다. 주로 땅굴 생활을 하지만 땅 위에서도 빠르게 기어 다닌다. 암컷은 5~7월에 땅속에 200~350개의 알을 낳는다. 어른벌레는 1년에 1회 발생한다.

분류	땅강아지과
크기	30~35mm
활동기	5~10월
탈바꿈	불완전 탈바꿈
사는곳	밭이나 유기물이 많은 땅속

섬서구메뚜기

메뚜기목

학명: **Atractomorpha lata**

암컷이 수컷보다 훨씬 크다!

칼 모양의 더듬이
더듬이는 짧고 칼 모양으로 납작하다.

▼ 짝짓기를 하려는 섬서구메뚜기

신기한 곤충 상식

방아깨비와 닮았다!

어른벌레는 방아깨비와 닮았지만 크기가 훨씬 작다. 수컷이 암컷보다 훨씬 작은데, 수컷이 암컷의 등에 올라타 짝짓기 하는 모습을 보면 마치 어미가 새끼를 업고 있는 것처럼 보인다. 애벌레와 어른벌레는 풀과 나뭇잎, 채소, 열매 등 온갖 식물을 먹는다. 채소의 잎마다 구멍을 내며 먹기 때문에 채소 농사에 피해를 준다.

분류	섬서구메뚜기과
크기	28~42mm
활동기	6~11월
탈바꿈	불완전 탈바꿈
사는곳	논밭, 풀밭

메뚜기목

벼메뚜기

학명: *Oxya chinensis sinuosa*

볏잎을 갉아 먹는 **무서운 해충!**

변하는 몸 빛깔
가을에 벼가 누렇게 익으면 몸 빛깔이 연두색에서 누런색으로 바뀐다.

신기한 곤충상식

농약을 사용하지 않는 풀밭에서 볼 수 있다!

예전에는 논에서 많이 볼 수 있었지만 지금은 농약을 사용하여 쉽게 볼 수 없다. 농약을 사용하지 않는 산지의 논이나 풀밭에서 볼 수 있다. 가을에 벼가 누렇게 익어 가면 벼메뚜기의 몸 빛깔도 연두색에서 누런색으로 바뀐다. 벼메뚜기는 벼, 옥수수, 수수, 배춧잎을 갉아 먹어 농작물에 피해를 준다.

분류	메뚜기과
크기	35~45mm
활동기	8~10월
탈바꿈	불완전 탈바꿈
사는곳	논이나 경작지 근처의 풀밭

벼메뚜기의 한살이

신기한 곤충상식

짝짓기를 마친 암컷은 배 끝에 있는 산란관을 땅속에 넣고 알을 낳는다. 땅속에서 알로 겨울을 나고, 5월쯤 되면 알에서 애벌레가 나오는데 벼 잎을 갉아 먹으며 자란다. 열심히 먹이를 먹은 애벌레는 허물을 벗으면서 무럭무럭 자란다. 8월쯤 다 자란 애벌레는 날개돋이를 하여 어른벌레가 된다. 어른벌레는 1년에 1회 발생한다.

1 수컷이 암컷 등에 올라타 짝짓기를 한다.

▲벼메뚜기의 짝짓기

2 산란관을 땅속에 넣고 알을 낳는다.

3 땅속에서 알로 겨울을 난다.

▲땅속에 알을 낳는 벼메뚜기 암컷

▲땅속에 낳은 벼메뚜기의 알

4 애벌레는 허물을 벗으며 자란다.

5 다 자란 애벌레는 날개돋이를 한다.

▲허물을 벗은 벼메뚜기의 애벌레

▲날개돋이를 하는 벼메뚜기

팔공산밑들이메뚜기

메뚜기목

학명: *Anapodisma beybienkoi*

날지 못하고 **뛰어다닙다!**

퇴화된 붉은색 날개
날개는 **퇴화되어** 붉은색의 짧은 날개만 남아 있어서 날지 못한다.

◀ 팔공산밑들이메뚜기의 짝짓기

신기한 곤충상식

날개는 퇴화되어 흔적만 남아 있다!

어른벌레의 등 쪽은 녹색이고 배 쪽은 황록색이다. 보통 메뚜기류는 날개가 있으면 어른벌레, 날개가 없으면 애벌레로 구분할 수 있는데 팔공산밑들이메뚜기는 날개가 퇴화되어 흔적만 남아 있기 때문에 구분하기 쉽지 않다. 어른벌레는 매우 짧은 붉은색 날개만 남아 있어서 날아다니지 못하고 뛰어다닌다. 알로 겨울을 난다.

분 류	메뚜기과
크 기	25~35mm
활동기	6~9월
탈바꿈	불완전 탈바꿈
사는곳	낮은 산지의 풀숲이나 풀밭

방아깨비

메뚜기목

학명: Acrida cinerea

강한 턱
강한 턱으로 벼과 식물을 잘게 씹어 먹는다.

몸을 위아래로 **끄떡끄떡!**

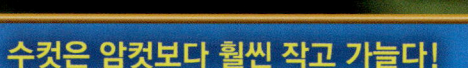

신기한 곤충 상식
수컷은 암컷보다 훨씬 작고 가늘다!

어른벌레의 긴 뒷다리를 손으로 잡으면 마치 방아를 찧는 것처럼 위아래로 몸을 움직여서 '방아깨비'라는 이름이 붙었다. 암컷은 우리나라의 메뚜기류 중 몸길이가 가장 길다. 수컷은 암컷보다 훨씬 작고 가늘며, 낮에 '따따따닥' 소리를 내며 날아다닌다. 그 소리를 듣고 암컷이 날아와서 짝짓기를 한다.

분 류	메뚜기과
크 기	수컷 40~50mm 암컷 70~80mm
활동기	7~11월
탈바꿈	불완전 탈바꿈
사는곳	들이나 야산의 풀밭

메뚜기목

풀무치

학명: Locusta migratoria

쉽게 볼 수 없는 대형 메뚜기!

갈색형 또는 녹색형
환경에 따라 보호색으로 갈색형 또는 녹색형으로 몸 빛깔을 바꿀 수 있다.

신기한 곤충상식

사람의 발길이 닿지 않는 곳에서 산다!

풀무치는 몸 빛깔에 따라 갈색형과 녹색형이 있다. 요즘에는 우리나라에서 개체 수가 현저히 줄어들어 보기 힘든 대형 메뚜기이다. 사람의 발길이 닿지 않는 하천가의 잡초나 풀이 우거진 곳에서 볼 수 있다. 주된 먹이는 잡초이고 식성이 매우 좋다. 외국에서는 풀무치가 떼를 지어 몰려다니며 농작물에 큰 피해를 주기도 한다.

분류	메뚜기과
크기	45~65mm
활동기	8~10월
탈바꿈	불완전 탈바꿈
사는곳	하천가의 잡초나 풀이 우거진 곳

콩중이

메뚜기목

학명: *Gastrimargus marmoratus*

풀무치와 닮은 생김새
생김새는 풀무치와 거의 비슷하지만 크기가 더 작다.

보호색으로 **자신을 지키다!**

신기한 곤충상식

다른 메뚜기에 비해 큰 편이다!

콩중이는 다른 메뚜기에 비해 몸이 큰 편이지만 풀무치보다는 작다. 수컷은 암컷보다 훨씬 작다. 수컷이 날아다닐 때 뒷날개에 굵고 검은색 띠무늬가 보이는데, 이 무늬를 암컷에게 보이기 위해 이리저리 날아다닌다. 이 무늬를 본 암컷은 수컷에게 다가와 짝짓기가 이루어진다. 암컷은 땅속에 거품에 싸인 알 덩어리를 낳는다.

분류	메뚜기과
크기	40~57mm
활동기	7~11월
탈바꿈	불완전 탈바꿈
사는곳	들과 야산의 잡초 지대

메뚜기목

삽사리

학명: *Mongolotettix japonicus*

▼삽사리 수컷의 우는 모습

암수의 날개
수컷의 앞날개는 가늘고 짧으며, 암컷의 날개는 퇴화되었다.

뒷다리를 앞날개에 비벼서 씨이익 씨이익!

신기한 곤충상식
수컷은 낮에 풀잎 위에 앉아 울어 댄다!

산지의 볕이 잘 드는 풀밭에서 산다. 수컷의 몸은 옅은 황갈색이며 몸길이는 20~24mm이다. 암컷의 몸은 회갈색이며, 날개는 퇴화되어 비늘처럼 아주 작다. 수컷은 낮에 풀잎 위에 앉아 뒷다리를 앞날개에 비벼서 '씨이익 씨이익' 하고 울어 댄다. 이 소리에 암컷이 찾아와 짝짓기가 이루어진다.

분류	메뚜기과
크기	20~30mm
활동기	6~8월
탈바꿈	불완전 탈바꿈
사는곳	산지의 풀밭

두꺼비메뚜기

메뚜기목

학명: *Trilophidia annulata*

두꺼비 등처럼 **오돌토돌한 돌기!**

흙 색깔의 몸
몸이 얼룩덜룩한 흙 색깔이라 땅 위에 있으면 잘 보이지 않는다.

신기한 곤충상식

등 쪽에 혹 모양의 돌기가 나 있다!

산길이나 시골길, 밭 등 마른땅 위에서 볼 수 있다. 두꺼비 등처럼 등 쪽에 혹 모양의 오돌토돌한 돌기가 있어서 '두꺼비메뚜기'라고 불린다. 몸이 얼룩덜룩한 흙 색깔이라 땅 위에 있으면 잘 보이지 않는다. 햇볕이 내리쬐는 뜨거운 땅을 좋아해 한낮에 길 위를 뛰어다닌다.

분류	메뚜기과
크기	25~30mm
활동기	6~9월
탈바꿈	불완전 탈바꿈
사는곳	들이나 야산의 길이나 땅 위

말총벌

벌목

학명: Euurobracon yokohamae

가장 긴 산란관을 **자랑하다!**

몸길이의 10배인 산란관
몸길이의 약 10배나 되는 긴 산란관이 달려 있다.

신기한 곤충상식

하늘소 애벌레의 몸에 알을 낳는다!

몸길이의 10배나 되는 긴 산란관이 달린 말총벌은 참나무나 밤나무 주변에서 천천히 날아다닌다. 긴 산란관이 말의 꼬리 같다고 해서 이름도 말총벌이다. 짝짓기를 마친 암컷은 긴 산란관을 참나무 줄기 깊은 곳까지 찔러 넣어 나무속에 사는 하늘소 애벌레의 몸에 알을 낳는다. 알에서 나온 애벌레는 하늘소 애벌레를 먹고 자란다.

분 류	고치벌과
크 기	15~20mm
활동기	5~6월
탈바꿈	완전 탈바꿈
사는곳	야산 근처의 밤나무나 참나무류 줄기

장수말벌

벌목

학명: *Vespa mandarinia*

함께 모여 사는 사회성 벌
수백 마리가 함께 모여서 사는 '사회성 벌'이다. 둥근 모양의 집을 짓고 산다.

맹독을 자랑하는 거대한 벌!

우리나라의 벌 중 가장 크다!

우리나라의 벌 중 가장 덩치가 크고, 독침의 독도 강력하다. 수백 마리가 함께 모여서 사는 '사회성 벌'로 땅속이나 나뭇가지에 둥근 모양의 집을 짓고 산다. 어른벌레는 나비와 나방의 애벌레, 잠자리, 매미, 꿀벌 등을 닥치는 대로 공격한 뒤 애벌레에게 먹인다. 정작 어른벌레는 꽃꿀, 과일즙, 나뭇진을 먹고 산다.

분류	말벌과
크기	27~44mm
활동기	5~9월
탈바꿈	완전 탈바꿈
사는곳	산속 참나무 진이 흐르는 곳

어리별쌍살벌

벌목

학명: *Polistes mandarinus*

멋진 집을 짓는 훌륭한 건축가!

각 방마다 알 1개씩
나무 껍질을 씹어 만든 방 1개마다 알을 1개씩 낳는다.

신기한 곤충상식

겨울잠에서 깨어난 어미벌은 집을 짓는다!

우리나라의 쌍살벌 무리 중 하나로 주로 나뭇잎 뒷면에 집을 짓는다. 겨울잠에서 깨어난 어미벌은 봄이 되면 집을 짓기 시작한다. 집의 재료인 나무 껍질을 긁은 뒤 잘게 씹어 방을 1개 만들고, 알을 1개 낳는다. 같은 방법으로 방이 여러 개 붙은 집을 짓는다. 알에서 나온 애벌레는 어미벌의 보살핌으로 번데기 과정을 거쳐 어른벌레가 된다.

분류	말벌과
크기	14~16mm
활동기	5~9월
탈바꿈	완전 탈바꿈
사는곳	낮은 산지

벌목

나나니 ★★★★★★★★★★★★★

학명: *Ammophila infesta*

곤충 세계의 영리한 사냥꾼!

발달한 턱
먹이를 물어 오거나 흙을 파낼 때 발달한 턱을 사용한다.

신기한 곤충 상식

땅에 구멍을 파서 집을 짓는다!

몸과 배는 매우 가늘고 길다. 산길이나 풀밭에서 혼자 살아가는 벌이다. 여름에는 꽃에 날아와 꽃꿀을 빨아 먹고, 짝짓기를 마친 암컷은 땅에 구멍을 파서 집을 짓는다. 나비나 나방의 애벌레를 잡아 와 집 안에 넣고, 그 위에 알을 1개 낳는다. 그리고 집의 입구를 막는다. 알에서 나온 애벌레는 어미벌이 잡아 온 먹이를 먹고 자란다.

분 류	구멍벌과
크 기	18~25mm
활동기	5~10월
탈바꿈	완전 탈바꿈
사는곳	들, 산길

점호리병벌

벌목

학명: Eumenes punctatus

예쁜 호리병 모양의 **집을 짓다!**

애벌레를 채우는 점호리병벌
나비와 나방의 애벌레를 잡아 와 집 안에 가득 채운 후 집의 입구를 막는다.

신기한 곤충상식 : 진흙을 둥글게 뭉쳐 나뭇가지에 집을 짓는다!

초여름이 되면 냇가의 진흙을 둥글게 뭉쳐서 입에 물고 날아와 풀 줄기나 나뭇가지에 붙여 예쁜 호리병 모양의 집을 짓는다. 그리고 집 안에 알을 1개 낳고, 나비나 나방의 애벌레를 잡아 와 가득 채운 후 집의 입구를 막는다. 알에서 나온 애벌레는 집 안에 있는 먹이를 먹고 자라 번데기 과정을 거쳐 어른벌레가 된다.

분류	호리병벌과
크기	10~13mm
활동기	6~10월
탈바꿈	완전 탈바꿈
사는곳	들이나 야산의 잡초 지대

점호리병벌의 한살이

신기한 곤충상식

알을 낳은 지 2~3일이 지나면 알에서 애벌레가 나온다. 애벌레는 호리병 모양의 흙집 안에서 어미벌이 잡아 온 먹이를 먹으며 자라 3주 만에 번데기가 된다. 얼마 후에 번데기에서 나온 어른벌레는 턱으로 흙벽을 갉아 내고 흙집에서 빠져나온다.

1 진흙을 물어 와 집을 짓는다.

▲집의 입구를 만드는 점호리병벌

2 한 줄기에 2개의 집을 짓기도 한다.

3 알에서 깨어난 애벌레는 어미벌이 잡아 온 먹이를 먹는다.

▲애벌레를 채우는 점호리병벌

▲점호리병벌의 알과 잡아 온 먹이

4 호리병 모양의 흙집에서 자라난다.

5 애벌레는 3주 뒤 번데기가 된다.

▲점호리병벌의 애벌레

▲점호리병벌의 번데기

장미가위벌

벌목

학명: *Megachile nipponica*

집 짓는 솜씨
나뭇잎을 자른 뒤 입과 다리로 잡고 날아가 집을 짓는다.

잎을 가위질한 듯 **동그랗게 자르다!**

신기한 곤충상식 — 방 안에 꽃가루를 채운다!

장미가위벌은 나무 구멍이나 땅속 구멍 안에 집을 짓는다. 장미 같은 식물의 잎을 큰턱으로 동그랗게 잘라 와서 애벌레가 자라날 방을 만든다. 그리고 꽃밭의 꽃가루를 모은 뒤 방 안에 채워 넣고, 그곳에 알을 1개씩 낳는다. 얼마 후 알에서 나온 애벌레는 꽃가루를 먹으며 자란다.

분류	꿀벌과
크기	12~13mm
활동기	7~9월
탈바꿈	완전 탈바꿈
사는곳	들이나 숲

양봉꿀벌

벌목

학명: *Apis mellifera*

집단으로 함께 모여 살다!

꽃가루 운반
뒷다리는 꽃가루를 모아 운반하는 데 사용한다.

신기한 곤충상식

겨울에는 벌집 안에 산다!

꿀벌에는 양봉꿀벌과 재래꿀벌 두 종이 있다. 재래꿀벌은 양봉꿀벌보다 색깔도 검고 크기도 작다. 양봉꿀벌은 꿀을 제공할 뿐만 아니라 꽃가루받이 기능도 해 주기 때문에 사람에게 큰 도움을 준다. 양봉꿀벌은 한집에 여왕벌 1마리와 일벌 수만 마리, 수벌 수백 마리가 함께 산다. 겨울에는 벌집 안에 살면서 거의 움직이지 않는다.

분류	꿀벌과
크기	12mm 내외
활동기	5~10월
탈바꿈	완전 탈바꿈
사는곳	인가 주변이나 산과 들에 핀 꽃

벌목

일본왕개미

학명: Camponotus japonicus

짝짓기 후 날개를 떼는 여왕개미
여왕개미는 수개미와 짝짓기 비행을 한 후, 날개를 떼고 알을 낳는다.

우리나라의 개미 중 가장 크다!

▲ 일본왕개미(여왕개미)

신기한 곤충 상식

여왕개미와 수많은 일개미가 함께 산다!

우리나라의 개미 중 가장 큰 종이다. 볕이 잘 드는 풀밭 밑 땅속에 굴을 파고 산다. 돌이나 나무뿌리 밑에 굴을 파서 살기도 한다. 여왕개미 1마리와 수많은 일개미가 함께 모여 산다. 여왕개미는 5~6월에 수개미와 짝짓기 비행을 한 후, 날개를 떼어 내고 돌 밑에 굴을 파고 들어가 알을 낳는다. 어른벌레로 땅속에서 겨울을 난다.

분류	개미과
크기	7~18mm
활동기	4~11월
탈바꿈	완전 탈바꿈
사는곳	건조한 풀밭

일본왕개미의 한살이

신기한 곤충상식

여왕개미가 알을 낳고 2주일쯤 지나면 알에서 애벌레가 나온다. 애벌레는 4번의 허물을 벗고 자라 5령 애벌레가 된다. 5령 애벌레는 실을 토해 고치를 만들고 그 속에서 번데기가 된다. 번데기가 된 지 2주일이 지나면 고치를 찢고 일개미가 태어난다. 이때 여왕개미는 일개미가 나올 수 있게 고치를 찢어 준다. 태어난 일개미는 알과 애벌레를 돌본다.

1 여왕개미는 날개를 떼고 굴에 들어가 알을 낳는다.

▲꽁무니에서 알을 낳는 여왕개미

2 일개미는 알과 애벌레를 돌본다.

▲알을 돌보는 일개미

3 일개미는 먹이를 모으고 여왕개미를 보호한다.

▲꽃꿀을 입에 물고 와 여왕개미에게 먹여 주는 일개미

4 여왕개미 1마리와 수많은 일개미가 함께 모여 산다.

▲고치와 애벌레를 돌보는 여왕개미와 일개미

어리호박벌

벌목

학명: Xylocopa appendiculata circumvolans

정지비행을 하는 비행술의 대가!

빽빽한 황색의 긴 털

배와 다리는 검은색이고, 가슴 등판과 가운데가슴 옆면에는 황색의 긴 털이 빽빽하다.

신기한 곤충상식 — 꿀과 꽃가루를 채운 뒤 알을 낳는다!

봄부터 가을까지 볼 수 있는데 여름에 가장 많다. 산과 들에 핀 여러 종류의 꽃에 날아와 꿀을 빨아 먹는다. 봄에 겨울잠에서 깨어난 여왕벌은 죽은 나무에 구멍을 뚫어 집을 짓는다. 그리고 집 안에 꿀과 꽃가루를 채운 뒤에 알을 낳는다. 알에서 나온 애벌레는 꿀과 꽃가루를 먹으며 자란다. 여왕벌만 살아서 땅속에서 겨울을 난다.

분류	꿀벌과
크기	20mm 내외
활동기	4~10월
탈바꿈	완전 탈바꿈
사는곳	들이나 야산의 각종 꽃

매미목

말매미

학명: *Cryptotympana atrata*

▲ 말매미의 우는 모습

울음소리가 우렁찬 대형 매미!

바늘처럼 생긴 주둥이
바늘처럼 생긴 주둥이로 나뭇가지를 찔러서 수액을 빨아 먹는다.

신기한 곤충 상식

뾰족한 산란관을 나무에 꽂고 알을 낳는다!

우리나라의 매미 중 가장 큰 종이다. 플라타너스, 버드나무 같은 나무의 줄기에 앉아 '차르르~' 하고 울어 댄다. 수컷의 울음소리를 듣고 날아온 암컷은 짝짓기를 마친 후 뾰족한 산란관을 나무에 꽂고 알을 낳는다. 어른벌레는 바늘처럼 생긴 주둥이로 나뭇가지를 찔러서 수액을 빨아 먹는데, 수명은 2~4주 정도이다.

분류	매미과
크기	40~48mm
활동기	6~10월
탈바꿈	불완전 탈바꿈
사는곳	길가의 플라타너스, 버드나무

매미목

유지매미 ★★★★★★★★★★★

학명: *Graptopsaltria nigrofuscata*

흰색 가루로 된 무늬
배는 광택이 있는 검은색이며, 흰색 가루로 된 무늬가 있다.

날개에 기름을 먹인 듯 지글지글 울다!

신기한 곤충상식

저녁이 되면 활발하게 울어 댄다!

날개에 기름을 먹인 듯하다 하여 붙은 이름이며 '기름매미'라고도 불린다. 수컷은 낮에는 쉬엄쉬엄 울어 대지만 저녁에는 여기저기서 활발하게 울어 댄다. 암컷이 나뭇가지에 낳은 알은 겨울을 나고, 이듬해 여름 알에서 애벌레가 태어난다. 애벌레는 땅속에서 3~4년 정도 산 뒤 나와서 날개돋이를 하여 어른벌레가 된다.

분 류	매미과
크 기	35~37mm
활동기	7~9월
탈바꿈	불완전 탈바꿈
사는곳	들과 야산의 울창한 풀숲

고려풀매미

매미목

학명: *Cicadetta isshikii*

우리나라 매미 중 **가장 작다!**

나뭇가지에 앉아 칫칫칫
작은 나뭇가지나 풀잎에 앉아서 '칫칫칫' 하고 운다.

신기한 곤충상식

메뚜기나 베짱이의 울음소리를 닮았다!

우리나라의 매미 중 가장 작다. 다른 매미처럼 나무 줄기에 앉지 않고, 작은 나뭇가지나 풀잎에 앉아서 운다. 풀밭에 사는 매미로 풀 줄기에서 즙을 빨아 먹는다. '칫칫칫' 하고 울어 대는 수컷의 울음소리도 매미보다 메뚜기나 베짱이의 울음소리와 닮았다. 구름이 해를 가리면 울음소리를 멈추고, 해가 나면 여기저기서 울어 댄다.

분류	매미과
크기	16~18mm
활동기	5~8월
탈바꿈	불완전 탈바꿈
사는곳	낮은 산지의 풀밭

매미목

털매미 ★★★★★★★★★★★★★★

학명: *Platypleura kaempferi*

보호색으로 **위장하다!**

몸통 전체에 난 짧은 털
몸통 전체에 털이 짧게 나 있어 '털매미'라는 이름이 붙었다.

신기한 곤충상식

과일나무나 미루나무의 수액을 빨아 먹는다!

온몸이 짧은 털로 덮여 있어서 '털매미'라고 불린다. '찌이' 하고 연속적으로 울어 대는데, 울음이 시작할 때와 끝날 때는 '찌찌찌' 하는 소리를 낸다. 어른벌레는 배나 복숭아 같은 과일나무나 미루나무에 날아와 수액을 빨아 먹는다. 어른벌레의 수명은 2~4주 정도이며, 짝짓기를 마친 암컷은 나무 줄기에 알을 낳는다.

분류	매미과
크기	20~28mm
활동기	6~9월
탈바꿈	불완전 탈바꿈
사는곳	산과 들

끝검은말매미충

매미목

학명: *Bothrogonia japonica*

머리와 가슴에 있는 검은색 반점
몸은 진한 황색이며, 머리와 가슴에 검은색 반점이 있다.

멀리까지 날아가는 뛰어난 비행 능력!

신기한 곤충상식

입 모양이 매미를 닮았다!

우리나라의 말매미충 가운데 가장 크다. 입 모양이 매미를 닮았으며, 식물의 잎이나 줄기를 찔러서 즙을 빨아 먹는다. 다른 말매미충에 비해 비행 능력이 뛰어나 멀리까지 날아간다. 뽕나무나 산뽕나무 등에 많이 살며 열매를 빨아 먹기도 한다. 어른벌레는 1년에 1회 발생한다. 나무껍질 틈이나 돌 밑에서 어른벌레로 겨울을 난다.

분류	매미충과
크기	11~14mm
활동기	4~10월
탈바꿈	불완전 탈바꿈
사는곳	낮은 산지나 풀밭

참매미

매미목

학명: *Oncotympana fuscata*

다양한 색깔의 무늬
몸의 윗면은 검은색 바탕에 녹색, 흰색, 노란색 무늬가 섞여 있다.

장소를 이동하다!
한 번 울 때마다

신기한 곤충상식

울음을 그치면 다른 장소로 이동한다!

우리나라 어디에서나 볼 수 있다. 수컷은 '맴맴맴 매앰' 하고 울다가 '맴~' 하며 울음을 그친다. 울음을 그치면 바로 다른 장소로 이동하여 울어 댄다. 보통 우렁차게 울어 대는 수컷에게 암컷이 날아와 짝짓기를 한다. 암컷은 배 끝에 있는 뾰족한 산란관을 한 번 나무에 꽂을 때마다 5~10개의 알을 30~40군데 낳는다.

분류	매미과
크기	33~37mm
활동기	7~9월
탈바꿈	불완전 탈바꿈
사는곳	산, 벌판, 집 주변 나무숲

참매미의 한살이

1 배 끝의 뾰족한 산란관을 나뭇가지에 꽂고 알을 낳는다.

▲나뭇가지에 산란관을 꽂고 알을 낳는 암컷

신기한 곤충상식

여름에 암컷이 나뭇가지에 낳은 알은 겨울을 나고, 이듬해 여름 알에서 애벌레가 나온다. 애벌레는 땅속으로 들어가 나무뿌리에서 수액을 빨아 먹으며 자란다. 애벌레는 보통 땅속에서 2~4년을 보낸다. 허물을 4번 벗고, 다 자란 5령 애벌레가 되면, 땅 위로 올라와 날개돋이를 한 뒤 어른벌레가 된다. 어른벌레의 수명은 2~4주 정도이다.

2 나뭇가지에 낳은 알은 겨울을 난다.

▲나뭇가지에 낳은 참매미의 알

3 날개돋이를 하기 위해 땅 위로 올라온다.

▲땅속에서 구멍을 파고 나오는 애벌레

4 애벌레의 허물을 벗고 젖은 날개를 말린다.

▲날개를 말리는 참매미

매미목

상투벌레

학명: *Dictyophara patruelis*

상투처럼 생긴 길쭉한 머리!

투명하고 커다란 날개
날개는 크고 투명하며, 연한 갈색의 무늬가 퍼져 있다.

신기한 곤충상식

식물의 즙을 빨아 먹는다!

몸 빛깔은 연한 녹색이고, 날개는 몸에 비해 길다. 또한 머리 부분은 길쭉한데 마치 옛날 성인 남자가 머리에 꾸민 상투를 연상시킨다. 그래서 '상투벌레'라고 불린다. 벼과 식물이 자라는 풀밭이나 뽕나무, 귤나무 등에 살며, 식물의 즙을 빨아 먹는 산림해충이다. 밤에 불빛에도 모이며, 알로 겨울을 난다.

분류	상투벌레과
크기	12~14mm
활동기	8~9월
탈바꿈	불완전 탈바꿈
사는곳	벼과 식물이 자라는 풀밭이나 뽕나무

노린재목

물장군 ★★★★★★★★★★★★★

학명: *Lethocerus deyrolli*

낫처럼 생긴 앞다리
물고기나 올챙이가 다가오면 낫처럼 생긴 앞다리로 재빨리 낚아챈다.

수서 곤충 세계의 **진정한 제왕!**

신기한 곤충상식

수서 곤충 중 가장 크고 힘이 세다!

물속에 사는 곤충 중 가장 크고, 힘이 세다. 물풀 줄기에 매달려 있다가 물고기나 올챙이가 다가오면 낫처럼 생긴 앞다리로 재빨리 낚아챈다. 먹이를 잡으면 바늘처럼 생긴 입을 찔러서 체액을 빨아 먹는다. 짝짓기를 마친 암컷이 물풀 줄기에 80~90개의 알을 무더기로 낳아 붙여 놓으면 수컷은 알을 감싸듯 보호한다.

분 류	물장군과
크 기	48~65mm
활동기	5~9월
탈바꿈	불완전 탈바꿈
사는곳	논, 연못, 물풀이 많은 웅덩이

물자라

노린재목

학명: *Appasus japonicus*

수컷 등에 낳은 알
암컷이 수컷 등에 알을 낳으면 수컷은 부화할 때까지 짊어지고 다니며 돌본다.

강한 부성애로 알을 지키다!

암컷은 수컷의 등에 알을 수북이 낳는다!

물자라는 물풀 사이에 숨어서 작은 물고기나 올챙이를 잡아먹는다. 짝짓기를 마친 암컷은 수컷의 등에 알을 수북이 낳는다. 수컷은 이 알들을 업고 다니며 보호하기 때문에 부성애를 가진 곤충으로 유명하다. 5월 초에 알을 업고 다니는 수컷을 볼 수 있다. 어른벌레는 물 밑에 쌓인 낙엽 속에서 겨울을 난다.

분류	물장군과
크기	17~20mm
활동기	4~10월
탈바꿈	불완전 탈바꿈
사는곳	저수지, 연못, 물웅덩이

장구애비

노린재목

학명: *Laccotrephes japonensis*

배 끝에 달린 가느다란 대롱
배 끝에 달린 가느다란 대롱의 끝을 물 밖에 내놓고 숨을 쉰다.

밤이 되면 먹이 사냥에 나서다!

신기한 곤충 상식

낫처럼 생긴 앞다리로 사냥한다!

맑고 흐르는 물보다는 바닥에 낙엽이나 나뭇가지 등이 있는, 고인 물에 산다. 낮에는 물풀이나 물속에 가라앉은 낙엽 속에 숨어 있다가 밤이 되면 먹이 사냥에 나선다. 낫처럼 생긴 앞다리로 수서 곤충이나 작은 물고기를 잡아 체액을 빨아 먹는다. 배 끝에 달린 길고 가느다란 대롱의 끝을 물 밖에 내놓고 숨을 쉰다.

분류	장구애비과
크기	30~38mm
활동기	3~11월
탈바꿈	불완전 탈바꿈
사는곳	저수지, 연못, 논

게아재비

노린재목

학명: *Ranatra chinensis*

무시무시한 물속 사마귀!

길고 가느다란 다리
다리가 길고 가늘어서 헤엄치는 게 서툴다.

▲ 침처럼 생긴 뾰족한 입으로 송장헤엄치개를 빨아 먹는 게아재비

신기한 곤충상식

긴 다리로 물속 바닥을 기어 다닌다!

몸이 가늘고 길어서 물풀 사이에 숨어 있으면 눈에 잘 띄지 않는다. 먹이가 다가오면 앞다리로 재빠르게 낚아채는데, 생김새나 먹이를 잡는 모습이 사마귀 같아서 '물사마귀'라고도 불린다. 올챙이, 작은 물고기, 수서 곤충 등을 잡은 뒤 뾰족한 입으로 찔러서 즙액을 빨아 먹는다. 헤엄을 잘 못 쳐서 긴 다리로 물속 바닥을 기어 다닌다.

분류	장구애비과
크기	40~45mm
활동기	4~10월
탈바꿈	불완전 탈바꿈
사는곳	연못, 논, 물웅덩이

송장헤엄치개

노린재목

학명: Notonecta triguttata

바늘 모양의 입
바늘처럼 생긴 입을 먹잇감에 꽂고 즙액을 빨아 먹는다.

곤충 세계의 배영 선수!

▲송장헤엄치개의 등판 모습

▲몸을 뒤집어 송장헤엄을 치는 송장헤엄치개

신기한 곤충 상식

하늘을 보고 송장헤엄을 친다!

연못이나 물웅덩이처럼 고인 물에 산다. 물 표면 바로 아래에서 누운 뒤, 하늘을 보고 송장헤엄을 친다. 그래서 '송장헤엄치개'라고 불린다. 송장헤엄을 치고 다니며 어린 물고기나 올챙이, 소금쟁이 등을 앞다리로 낚아채어 바늘처럼 생긴 입을 꽂고 즙액을 빨아 먹는다. 맑은 날에는 물 밖으로 나와서 몸을 말린 뒤 날아가기도 한다.

분류	송장헤엄치개과
크기	11~14mm
활동기	4~10월
탈바꿈	불완전 탈바꿈
사는곳	연못, 물웅덩이

큰광대노린재

노린재목

학명: Poecilocoris splendidulus

▲ 큰광대노린재의 짝짓기 　　▲ 큰광대노린재의 알

▼ 회양목 열매의 즙을 빨아 먹는 큰광대노린재　　▼ 화려한 색깔의 큰광대노린재 애벌레

신기한 곤충 상식

금속광택이 매우 아름답다!

황록색 바탕에 붉은 줄무늬가 있으며, 금속광택이 매우 아름답다. 낙엽이나 나무껍질 속에서 겨울을 난 애벌레는 5월 하순경 날개돋이를 하여 어른벌레가 된다. 어른벌레는 마을 주변이나 낮은 산지 주변에 있는 회양목에 모여 짝짓기를 하거나 열매의 즙을 빨아 먹는다. '기어 다니는 보석'이라고 불릴 정도로 색이 아름답다.

분 류	광대노린재과
크 기	17~20mm
활동기	5~11월
탈바꿈	불완전 탈바꿈
사는곳	마을 주변의 회양목

가장 화려한 몸 빛깔
우리나라의 노린재 중에서 몸 빛깔이 가장 화려하다.

몸 빛깔이 아름다운 기어 다니는 보석!

등빨간소금쟁이

노린재목

학명: *Gerris gracilicornis*

다리에 난 미세한 털
다리에 난 미세한 털을 이용해 물 위를 걸을 수 있다.

▼물 위에서 짝짓기 하는 등빨간소금쟁이

물 위를 걸어 다니는 **재주꾼!**

▼물 위를 걷는 등빨간소금쟁이

신기한 곤충상식

물 위로 떨어지는 작은 벌레의 즙을 빨아 먹는다!

연못이나 저수지에서 물 위를 미끄러지듯 걸어 다니며, 물 위로 떨어지는 작은 벌레의 즙을 빨아 먹는다. 죽은 물고기나 곤충이 물 위에 떠 있으면 떼로 몰려와 먹기도 한다. 소금쟁이의 다리에 난 미세한 털과 물은 표면장력에 의해 서로 밀어내게 되는데, 이러한 원리로 소금쟁이가 물 위를 걸을 수 있다.

분류	소금쟁이과
크기	11~15mm
활동기	4~10월
탈바꿈	불완전 탈바꿈
사는곳	논, 저수지, 연못, 물웅덩이

알락수염노린재

노린재목

학명: *Dolycoris baccarum*

띠무늬 더듬이
더듬이는 검은색과 연한 갈색의 띠무늬가 있어 눈에 띈다.

고약한 냄새로 **천적을 공격하다!**

신기한 곤충상식

천적이 나타나면 노린내를 뿜는다!

활동하는 장소가 매우 넓어서 바닷가에서 산까지 널리 퍼져 있다. 식물의 즙을 빠는 알락수염노린재는 배추, 무, 콩, 참깨, 귤, 단감 등을 빨아 먹어 농사에 피해를 준다. 사마귀 같은 천적이 나타나거나 사람이 손으로 잡으면 노린내를 뿜는다. 어른벌레는 1년에 2회 발생한다. 풀숲에서 어른벌레로 겨울을 난다.

분류	노린재과
크기	11~14mm
활동기	3~11월
탈바꿈	불완전 탈바꿈
사는곳	낮은 산지, 풀숲, 논밭

에사키뿔노린재

노린재목

학명: *Sastragala esakii*

최고의 모성애를 자랑하다!

작은방패판의 하트 무늬
작은방패판 가운데 연노란색 또는 흰색의 하트 무늬가 새겨져 있다.

▼ 몸으로 알을 감싸서 보호하는 에사키뿔노린재 암컷

▲ 꽁무니를 맞대고 짝짓기 하는 암수 한 쌍

신기한 곤충상식
적이 나타나면 지독한 냄새를 뿜는다!

작은방패판 가운데에 연노란색 또는 흰색의 하트 무늬가 새겨져 있다. 특히 6~7월에 많이 나타나며 산초나무, 층층나무 등의 잎에서 볼 수 있다. 모성애가 강한 암컷은 나뭇잎 뒷면에 알을 낳은 후 애벌레가 부화할 때까지 몸으로 알을 감싸 보호한다. 개미나 거미가 나타나면 지독한 냄새를 뿜어 멀리 쫓아낸다.

분류	뿔노린재과
크기	10~13mm
활동기	4~11월
탈바꿈	불완전 탈바꿈
사는곳	낮은 산지

고추침노린재

노린재목

학명: *Cydnocoris russatus*

온몸에 난 황갈색 잔털
잘 익은 고추처럼 몸이 새빨갛다. 온몸에는 황갈색 잔털이 덮여 있다.

빨대 모양의 주둥이!

신기한 곤충 상식

작은 곤충의 체액을 빨아 먹는다!

잘 익은 고추처럼 몸이 새빨개서 '고추침노린재'라고 불린다. 산지의 초원 지대에서 볼 수 있으며, 나뭇잎 위에 앉아 있는 모습이 자주 발견된다. 무당벌레, 나비나 나방의 애벌레 같은 작은 곤충을 잡아 빨대 모양의 주둥이를 꽂고 체액을 빨아 먹는다. 잡초 속에서 어른벌레로 겨울을 난다.

분류	침노린재과
크기	14~17mm
활동기	4~10월
탈바꿈	불완전 탈바꿈
사는곳	산기슭 주변의 초원 지대

파리목

빨간집모기

학명: Culex pipiens pallens

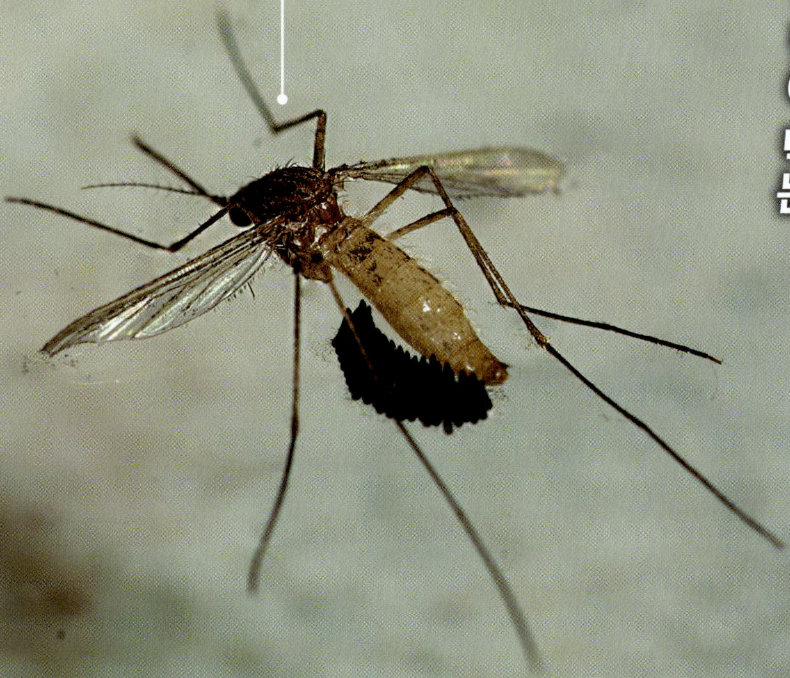

짙은 갈색의 다리
가슴방패판은 누런색 비늘과 흰색 비늘이 섞여 있으며, 다리는 짙은 갈색이다.

사람의 피를 빨아 먹는 **흡혈 모기!**

피를 빠는 모기는 모두 암컷이다!

우리나라 도시에서 가장 흔히 볼 수 있는 모기이다. 낮에는 집 안 구석진 곳, 하수구, 지하실, 욕실 등에 숨어 있다가 밤이 되면 활동을 시작한다. 사람이 있는 곳이면 어디든지 찾아가서 피를 빨아 먹는다. 암컷은 피를 먹어야만 알을 낳을 수 있기 때문에 피를 빠는 모기는 모두 암컷이다. 어른벌레로 겨울을 난다.

분류	모기과
크기	5~6mm
활동기	4~11월
탈바꿈	완전 탈바꿈
사는곳	사람이 사는 장소

빨간집모기의 한살이

1 암컷은 피를 먹어야만 알을 낳을 수 있다.

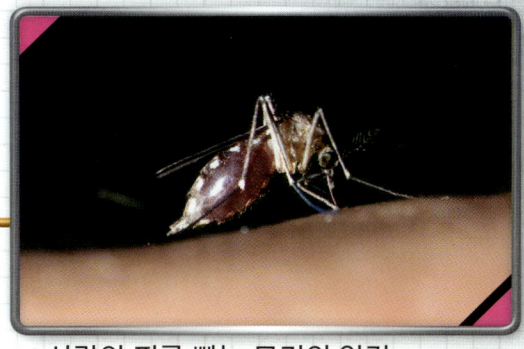

▲ 사람의 피를 빠는 모기의 암컷

2 꽁무니 끝부분의 호흡관을 물 밖으로 꺼낸다.

▲ 호흡관을 물 밖으로 꺼내 숨 쉬는 모기의 애벌레

신기한 곤충상식

어른벌레는 1년에 여러 번 발생한다. 짝짓기를 마친 암컷은 고여 있는 물로 날아가 물 위에 약 100개의 알을 낳는다. 1~2일이 지나면 알에서 애벌레가 나오는데, 애벌레는 1~2주 후에 번데기가 된다. 번데기는 2~3일이 지나면 날개돋이를 하고 어른벌레가 태어난다. 어른벌레는 한 달 정도 산다.

3 애벌레는 1~2주 후 번데기가 된다.

▲ 모기의 번데기

4 번데기는 2~3일이 지나면 날개돋이를 한다.

▲ 물속 모기의 번데기에서 태어난 빨간집모기

어리아이노각다귀

파리목

학명: *Tipula patagiata*

습기가 많은 곳을 좋아하다!

모기보다 큰 몸집
생김새는 모기를 닮았지만 모기보다 몸집이 훨씬 크고, 다리도 길다.

신기한 곤충상식 — 모기를 닮았다!

각다귀는 습기가 많고 서늘한 곳을 좋아해서 물가 주변의 풀밭에서 볼 수 있다. 생김새는 모기를 닮고, 몸집은 모기보다 훨씬 커서 '왕모기'라고 잘못 아는 사람이 많다. 짝짓기를 마친 암컷은 배 끝을 물에 담그고 물속에 알을 낳기도 하고, 물기가 많은 습지에 낳기도 한다. 애벌레는 물풀이나 썩은 풀, 풀뿌리를 갉아 먹는다.

분류	각다귀과
크기	16~17mm
활동기	5~7월
탈바꿈	완전 탈바꿈
사는곳	들이나 야산의 개울가, 계곡 주변의 풀밭

파리목

파리매

학명: *Promachus yesonicus*

암수 꼬리의 특징
수컷의 꼬리 끝에는 백색의 털 다발이 있으며, 암컷의 꼬리 끝은 남청색으로 광택이 난다.

▲꿀벌의 체액을 빨아 먹는 파리매 수컷

매처럼 사냥 실력이 **뛰어나다!**

신기한 곤충상식 파리 종류이지만 꼭 벌처럼 생겼다!

하늘을 날아다니는 매처럼 사냥 실력이 뛰어나서 '파리매'라고 불린다. 파리 종류이지만 꼭 벌처럼 생겼다. 어른벌레는 먹잇감을 발견하면 매처럼 빠르게 날아와 다리로 낚아채 잡아먹는다. 날아다니는 먹잇감도 잡을 정도로 사냥 실력이 뛰어나다. 보통 꿀벌, 나방, 나비처럼 작은 곤충들을 잡아먹는다.

분류	파리매과
크기	25~28mm
활동기	6~9월
탈바꿈	완전 탈바꿈
사는곳	들이나 산, 강가의 풀밭

꽃등에

파리목

학명: Eristalis tenax

꿀벌과 닮은 생김새
생김새가 꿀벌과 매우 닮았지만 날개는 1쌍이고, 꽁무니에 침도 없다.

독침이 있는 꿀벌을 **흉내 내다!**

꽃가루받이 역할을 한다!

꽃등에는 꿀벌처럼 생겼지만 파리목에 속하는 곤충으로 날개가 1쌍이고, 꽁무니에 침도 없다. 나비나 벌처럼 꽃꿀을 먹으면서 꽃가루를 옮기기 때문에 꽃가루받이 역할을 한다. 애벌레는 구더기처럼 생겼으며 웅덩이나 연못가의 썩은 흙 속에서 산다. 번데기로 땅속에서 겨울을 난다.

분류	꽃등에과
크기	14~15mm
활동기	4~11월
탈바꿈	완전 탈바꿈
사는곳	들이나 야산에 핀 꽃

참밑들이

밑들이목

학명: *Panorpa coreana*

암수의 몸 빛깔
가슴, 배, 다리가
수컷은 흑색,
암컷은 황갈색을 띤다.

암컷에게 먹이를 선물하는 수컷!

신기한 곤충상식

수컷은 암컷의 마음을 얻기 위해 먹이를 준다!

생김새가 전갈의 모습과 닮았다. 어른벌레는 작은 곤충이나 식물의 잎, 이끼 등을 먹고 산다. 수컷은 짝짓기 철이 오면 암컷의 마음을 얻기 위해 먹이를 선물한다. 암컷은 수컷의 선물을 신중하게 고르는데, 알을 낳기 위해서는 충분한 영양분을 섭취해야 하기 때문이다. 암컷은 수컷의 먹이가 마음에 들면 짝짓기를 허락한다.

분류	밑들이과
크기	12~15mm
활동기	5~8월
탈바꿈	완전 탈바꿈
사는곳	그늘진 숲이나 계곡 주변

칠성풀잠자리붙이

풀잠자리목

학명: *Chrysopa pallens*

▲ 칠성풀잠자리붙이의 알

투명한 날개
날개는 투명하면서 밝은 녹색의 시맥이 많이 있어 아름답다.

진딧물을 잡아먹는 **고마운 곤충!**

신기한 곤충상식 — 농사에 큰 도움을 준다!

날개는 투명하면서 밝은 녹색의 시맥이 있어 매우 아름답다. 애벌레와 어른벌레 모두 주된 먹이가 농작물에 해를 끼치는 진딧물이다. 칠성풀잠자리붙이 1마리가 일생 동안 5000~6000마리의 진딧물을 잡아먹어 농사에 큰 도움을 준다. 암컷은 풀잎이나 나뭇잎에 알을 낳는데, 가느다란 실 끝에 알이 1개씩 매달려 있다.

분류	풀잠자리과
크기	13~15mm
활동기	5~8월
탈바꿈	완전 탈바꿈
사는곳	들이나 야산의 풀밭

노랑뿔잠자리 ★★★★★★★

풀잠자리목

학명: Ascalaphus sibiricus

▲노랑뿔잠자리의 애벌레

◀풀 줄기에 알을 낳은 노랑뿔잠자리

노란색 날개가 아름다운 **뿔잠자리!**

나비를 닮은 모습
화려한 노란색 날개와 몽톡한 더듬이가 나비를 닮았다.

신기한 곤충상식

풀 줄기에 여러 개의 알을 낳는다!

어른벌레는 봄이 오면 햇볕이 잘 드는 풀밭 위를 날아다닌다. 노란색 날개가 화려하고, 더듬이까지 몽톡해서 나비가 날아다니는 것처럼 보인다. 짝짓기를 마친 암컷은 풀 줄기에 여러 개의 알을 나란히 붙여서 낳는다. 애벌레는 돌 밑이나 땅 가까이에 숨어 살며 작은 곤충을 잡아먹는다. 어른벌레는 1년에 1회 발생한다.

분류	뿔잠자리과
크기	18~27mm
활동기	4~6월
탈바꿈	완전 탈바꿈
사는곳	낮은 산지

집게벌레목

고마로브집게벌레

학명: Timomenus komarowi

활처럼 휜 집게
집게는 활처럼 길게 휘었고 작은 돌기가 나 있다.

전갈처럼 집게를 치켜들다!

천적이 나타나면 방어 태세를 취한다!

우리나라의 집게벌레 중 가장 긴 집게를 가졌으며, 주로 낮에 활동한다. 천적이 나타나면 전갈처럼 집게를 치켜들며 방어 태세를 취한다. 깍지벌레나 진딧물 같은 작은 곤충을 잡아먹고, 식물의 새순이나 꽃가루도 먹는다. 짝짓기를 마친 암컷은 나뭇잎을 붙여 방을 만들고 알을 낳는데, 알에서 애벌레가 깨어날 때까지 정성껏 돌본다.

분류	집게벌레과
크기	15~22mm
활동기	4~11월
탈바꿈	불완전 탈바꿈
사는곳	낮은 숲이나 들판

대벌레

대벌레목

학명: *Ramulus irregulariterdentatus*

▲나뭇가지를 흉내 내는 대벌레

나뭇가지를 흉내 내다!

갈색형 몸 빛깔
나뭇가지처럼 생겼으며 몸 빛깔은 사는 환경에 따라 갈색형과 녹색형이 있다.

신기한 곤충상식

활엽수 잎을 갉아 먹는다!

몸이 가늘고 길며 작은 나뭇가지처럼 생겼다. 몸 빛깔은 사는 환경에 따라 갈색형과 녹색형이 있다. 천적이 나타나면 몸을 나뭇가지처럼 쭉 뻗고 움직이지 않는다. 적의 습격을 받으면 나무에서 떨어져 죽은 척하기도 한다. 애벌레와 어른벌레 모두 단풍나무, 참나무, 피나무 등의 활엽수 잎을 갉아 먹는다.

분 류	대벌레과
크 기	70~100mm
활동기	6~11월
탈바꿈	불완전 탈바꿈
사는곳	산기슭의 활엽수

무늬하루살이

하루살이목

학명: Ephemera strigata

해 질 녘이 되면 **비행을 시작한다!**

갈색의 가로무늬
날개는 옅은 갈색이고, 앞날개 중앙에는 갈색의 가로무늬가 있다.

신기한 곤충 상식

암컷은 알을 낳고 죽는다!

하루살이는 하루만 산다고 붙은 이름이지만, 보통 어른벌레는 2~3일 정도 산다. 어른벌레는 낮에는 물가 주변의 풀숲에 숨어 있다가 해 질 녘이 되면 물가나 물 위에서 무리 지어 날아다닌다. 어른벌레는 입이 퇴화되어 먹이를 먹지 못한다. 짝짓기를 마친 암컷은 물속에 알을 낳고 죽는데, 애벌레는 물속에서 2~3년 정도 허물을 벗으며 자란다.

분류	하루살이과
크기	15~20mm
활동기	4~7월
탈바꿈	불완전 탈바꿈
사는곳	하천

곤충 용어 사전

고유종
어느 한 지역에서만 나타나 다른 곳에서 볼 수 없는 특정한 생물 종을 말한다. '특산종'이라고도 한다.

공생 관계
어떤 생물들이 떨어져서는 살지 못하고 서로에게 의존하여 살아가는 관계를 말한다. 기생한 생물이 다른 생물의 몸속이나 겉에 살면서 영양분을 빼앗아 함께 생활한다.

날개돋이
곤충의 애벌레나 번데기가 날개 있는 어른벌레(성충)로 되는 과정을 말한다. '우화'라고도 한다.

독충
독이 있어서 사람에게 직간접적으로 해를 입히는 곤충을 말한다. 거미류와 지네류 및 그 밖의 작은 동물을 함께 이를 때 쓰기도 한다.

먹이식물
사람이나 곤충이 먹을 수 있거나 먹이로 이용하는 식물을 말한다.

산란관
곤충류의 배 끝에 있는 알을 낳는 관 모양의 기관이다. 어떻게 알을 낳느냐에 따라 그 모양이 다르다.

어른벌레
애벌레가 자라서 벌레가 겪는 마지막 단계로, 완전한 생식 능력을 가졌다. '성충'이라고도 한다.

지표종
어떤 생물이 자라는 지역이나 서식지의 기후, 토양과 환경 특징을 잘 나타내 주는 생물 종을 말한다.

천적
어떤 생물을 공격하여 먹이로 삼아 생활하는 생물을 말한다. 모든 생물은 대부분 천적이 있다. 천적은 생물의 무제한 번식을 막아 주며 자연의 평형을 이루게 해 준다.

퇴화
어떤 생물의 특정 기관이 기능을 잃거나 없어지는 것을 말한다.

한살이
동식물이 태어나고 자라 자손을 남기고 죽을 때까지 살아가는 모습을 말한다.

해충
사람들에게 직간접적으로 해를 끼치는 곤충을 말하며, 바퀴·좀·파리 등이 대표적인 해충이다.

곤충 색인

ㄱ
검은다리실베짱이 131
검은물잠자리 111
게아재비 168
고려풀매미 159
고마로브집게벌레 184
고추잠자리 121
고추좀잠자리 126
고추침노린재 175
공작나비 38
긴꼬리 134
긴무늬왕잠자리 116
긴알락꽃하늘소 89
길앞잡이 50
깜둥이창나방 49
꼬마잠자리 124
꽃등에 180
꽃벼룩 82
끝검은말매미충 161

ㄴ
나나니 149
나비잠자리 123
날베짱이 132
남방노랑나비 25
남방부전나비 33
남색초원하늘소 90
남생이무당벌레 77
넓적사슴벌레 56
네눈은빛애기자나방 44

네발나비 37
노란실잠자리 113
노랑나비 24
노랑뿔잠자리 183
늦반딧불이 84

ㄷ
다우리아사슴벌레 58
단풍뿔거위벌레 107
담흑부전나비 34
대모잠자리 125
대벌레 185
대유동방아벌레 75
도토리거위벌레 104
된장잠자리 122
두꺼비메뚜기 145
두점박이사슴벌레 60
등빨간소금쟁이 172
등얼룩풍뎅이 70
땅강아지 136

ㅁ
말매미 157
말총벌 146
먹가뢰 83
멋쟁이딱정벌레 52
모시나비 23
모자주홍하늘소 92
무늬하루살이 186
무당벌레 80
묵은실잠자리 115

물땡땡이 55
물맴이 54
물방개 53
물자라 166
물장군 165
밀잠자리 120

ㅂ
밤바구미 108
방아깨비 141
배자바구미 109
배추흰나비 26
벌호랑하늘소 99
범부전나비 36
벚나무사향하늘소 97
벼메뚜기 138
보라금풍뎅이 64
부전나비 31
부처나비 41
붉은산꽃하늘소 91
비단벌레 74
빨간집모기 176
뿔나비 42
뿔쇠똥구리 62

ㅅ
사슴풍뎅이 68
사시나무잎벌레 100
산호랑나비 19
삼하늘소 94
삽사리 144

상아잎벌레 102
상투벌레 164
섬서구메뚜기 137
송장헤엄치개 169
쌕쌔기 133

ㅇ

아시아실잠자리 112
아이누길앞잡이 51
알락수염노린재 173
알락하늘소 95
암끝검은표범나비 40
양봉꿀벌 153
애기나방 46
애반딧불이 86
애호랑나비 18
어리별쌍살벌 148
어리아이노각다귀 178
어리장수잠자리 117
어리호박벌 156
에사키뿔노린재 174
여치 130
연분홍실잠자리 114
옥색긴꼬리산누에나방 47
왕거위벌레 106
왕귀뚜라미 135
왕사마귀 128
왕자팔랑나비 30
왕잠자리 118
유지매미 158

으름밤나방 48
일본왕개미 154

ㅈ

작은검은꼬리박각시 43
작은멋쟁이나비 39
장구애비 167
장미가위벌 152
장수말벌 147
장수풍뎅이 66
점박이꽃무지 71
점호리병벌 150
제비나비 22
좀사마귀 127
줄점팔랑나비 29

ㅊ

참나무하늘소 96
참매미 162
참밑들이 181
청가뢰 88
청줄보라잎벌레 101
칠성무당벌레 78
칠성풀잠자리붙이 182

ㅋ

콩중이 143
큰광대노린재 170
큰남생이잎벌레 103
큰넓적송장벌레 61
큰이십팔점박이무당벌레 79

큰주홍부전나비 32
큰줄흰나비 28

ㅌ

태극나방 45
털매미 160
톱사슴벌레 59

ㅍ

파리매 179
팔공산밑들이메뚜기 140
풀무치 142
풀색꽃무지 72
풍뎅이 65

ㅎ

하늘소 93
호랑꽃무지 73
호랑나비 20
혹바구미 110
홍반디 76
흰염소하늘소 98